MARCO POOLO

FRANKREICH

Reisen mit Insider Tipps

> Frankreich ist für mich eines der schönsten Länder in Europa. Der landschaftliche Reichtum reicht vom Meer bis zum Gebirge, der kulturelle von der mittelalterlichen Kathedrale bis zum ultramodernen Museumsneubau.
> *MARCO POLO Autorin*
> **Barbara Markert**
> (siehe S. 182)

Das passt:
Der MARCO POLO Sprachführer Französisch

Weitere MARCO POLO Titel:
Bretagne, Burgund, Côte d'Azur/Monaco, Elsass, Französische Atlantikküste, Korsika, Languedoc-Roussillon, Loire-Tal, Normandie, Paris, Provence

Spezielle News, Lesermeinungen und Angebote zu Frankreich
www.marcopolo.de/frankreich

FRANKREICH

> SYMBOLE

Insider Tipp MARCO POLO INSIDER-TIPPS
Von unserer Autorin für Sie entdeckt

★ MARCO POLO HIGHLIGHTS
Alles, was Sie in Frankreich kennen sollten

🌿 SCHÖNE AUSSICHT

📶 WLAN-HOTSPOT

▶▶ HIER TRIFFT SICH DIE SZENE

> PREISKATEGORIEN

HOTELS
€€€ über 90 Euro
€€ 60–90 Euro
€ unter 60 Euro
Die Preise gelten für zwei Personen im Doppelzimmer ohne Frühstück

RESTAURANTS
€€€ über 30 Euro
€€ 15–30 Euro
€ unter 15 Euro
Die Preise gelten für zwei- bis dreigängige Menüs ohne Getränke

> KARTEN

[168 A1] Seitenzahlen und Koordinaten für den Reiseatlas Frankreich
[U A1] Koordinaten für die Pariskarte im hinteren Umschlag

Übersichtskarte Umland Paris auf S. 176/177

Zu Ihrer Orientierung sind auch die Objekte mit Koordinaten versehen, die nicht im Reiseatlas eingetragen sind

---

■ DIE BESTEN MARCO POLO INSIDER-TIPPS .... **UMSCHLAG**
■ DIE BESTEN MARCO POLO HIGHLIGHTS 4

■ AUFTAKT 6
■ SZENE **12**
■ STICHWORTE 16
■ EVENTS, FESTE & MEHR **22**
■ ESSEN & TRINKEN 24
■ EINKAUFEN **28**

■ PARIS **30**
■ DIE MITTE **42**
■ DER OSTEN **56**
■ DER NORDEN **68**
■ DER WESTEN **78**
■ DER SÜDWESTEN **94**
■ DER SÜDOSTEN **118**

INHALT

>SZENE
S. 12–15: Trends, Entdeckungen, Hotspots! Was wann wo in Frankreich los ist, verrät der MARCO POLO Szeneautor vor Ort

>24 STUNDEN
S. 146/147: Action pur und einmalige Erlebnisse in 24 Stunden! MARCO POLO hat für Sie einen außergewöhnlichen Tag in Lyon zusammengestellt

>LOW BUDGET
Viel erleben für wenig Geld! Wo Sie zu kleinen Preisen etwas Besonderes genießen und tolle Schnäppchen machen können:

60 Museen zum Einheitspreis S. 36 | Kostenlose Lightshow S. 51 | Kulturwochenende zum Sondertarif S. 62 | Freie Fahrt in Lille S. 74 | Günstig parken S. 84 | Kostenlose Kirchenkonzerte S. 100 | Antike Stätten im Dreierpack S. 124

>GUT ZU WISSEN
Was war wann? S. 10 | Spezialitäten S. 26 | Der neue Fahrradhype S. 40 | Bücher & Filme S. 66 | Duftende Felder S. 132 | www.marcopolo.de S. 156 | Was kostet wie viel? S. 157 | Blogs & Podcasts S. 159 | Wetter in Nizza S. 160

AUF DEM TITEL
Seebad der Extravaganz S. 101
Die Fondation Maeght in kongenialer Architektur S. 140

- **AUSFLÜGE & TOUREN** **142**
- **24 STUNDEN IN FRANKREICH** **146**
- **SPORT & AKTIVITÄTEN** **148**
- **MIT KINDERN UNTERWEGS** **152**

- **PRAKTISCHE HINWEISE** **156**
- **SPRACHFÜHRER FRANZÖSISCH** **162**

- **REISEATLAS FRANKREICH** **166**
- **KARTENLEGENDE REISEATLAS** **178**

- **REGISTER** **180**
- **IMPRESSUM** **181**
- **UNSERE AUTORIN** **182**

- **BLOSS NICHT!** **184**

2 | 3

ENTDECKEN SIE FRANKREICH!

Unsere Top 15 führen Sie an die traumhaftesten Orte und zu den spannendsten Sehenswürdigkeiten

Die Highlights sind in der Karte auf dem hinteren Umschlag eingetragen

 Eiffelturm (Tour Eiffel)
Man kommt an ihm einfach nicht vorbei. Das Wahrzeichen von Paris ist ein architektonisches Wunder (Seite 32)

 Louvre
Ob Da-Vinci-Code-Fan oder nicht: Das größte Museum der Welt beeindruckt selbst Leute, die mit alten Meistern nichts anfangen können (Seite 33)

 Versailles
War Sonnenkönig Ludwig XIV. verrückt oder genial? Sein Schloss jedenfalls ist ein Traum (Seite 41)

 Chartres
Wer einmal die Glasfenster der Kathedrale gesehen hat, wird ihr Blau niemals vergessen (Seite 48)

 Villandry
Hier bekommt die Bezeichnung „französische Gärten" eine neue Dimension (Seite 55)

 Place Stanislas
Man nehme einen verstoßenen König und gebe ihm Geld. Heraus kommt einer der schönsten Plätze der Welt: Place Stanislas in Nancy (Seite 63)

 Falaise d'Aval
Der bizarre Kreidefelsen bei Étretat ist ein Postkartenmotiv. Besser jedoch erlebt man ihn live (Seite 71)

 Wandteppich von Bayeux
Es war einmal ein König, Wilhelm der Eroberer ... Wie die Geschichte weitergeht, erzählt dieser Teppich (Seite 84)

> DIE BESTEN MARCO POLO HIGHLIGHTS

★ Planches
Auf diesen Brettern trifft sich die Welt. Frankreichs nobelste Strandpromenade in Deauville ist ein Stelldichein der Eitelkeiten, aber auch ein In-Treff (Seite 85)

★ Mont-Saint-Michel
Vom Meer umspült, von Legenden umsponnen – der Klosterberg im Watt ist ein Gesamtkunstwerk (Seite 86)

★ Dune du Pilat (Pyla)
Die größte Düne Europas lebt: Jährlich wandert der riesige Sandberg 4 m am Meer entlang (Seite 96)

★ Rocamadour
1,5 Mio. Pilger hoffen jedes Jahr in dem spektakulär gelegenen Wallfahrtsort im Périgord auf ein Wunder (Seite 109)

★ Avignon
Die Übergangs-Vatikanstadt in der Provence bietet nicht nur einen grandiosen Papstpalast, sondern besticht auch mit durchschnittlich 300 Sonnentagen im Jahr (Seite 123)

★ Plateau de Valensole
Hier präsentiert sich die Provence wie aus dem Bilderbuch. Das Hochplateau ist eines der Zentren des Lavendelanbaus und der typischen südländischen Lebensart (Seite 132)

★ Calanques
Schneeweiß und weltweit einzigartig – die Kalksteinformation an der Mittelmeerküste östlich von Marseille ist ein Wander- und Badeparadies (Seite 135)

Mont-Saint-Michel

AUFTAKT

> Glückliches Frankreich: endlose Küsten, hohe Gebirge, traumhafte Landschaften. Reich beschenkt von der Natur und stolz auf seine eigene geschaffene Kultur, bietet das Land im Westen viele Gründe, es zu besuchen. Ob für einen Städtetrip in die majestätische Hauptstadt Paris, einen Skiurlaub im Schatten des Mont Blanc oder einen relaxten Bade- und Wanderurlaub in der Provence. Für welche Form Urlaub Sie sich auch entscheiden, sicher ist, dass Sie Menschen begegnen, die sich dem Genuss mehr hingeben als der Pflicht. Lassen Sie sich anstecken vom typischen Savoir-vivre der Nachbarn jenseits des Rheins.

> „Wie kann man ein Land regieren, das mehr als 365 verschiedene Käsesorten hat." Dieses Zitat, das Charles de Gaulle zugesprochen wird, sagt mehr über Frankreich aus, als man denken könnte. Es geht hier nur vordergründig um Käse und Politik: Der eigentliche Sinn liegt tiefer. Er handelt von der Kultur und dem Selbstverständnis der französischen Nation. Eines Volks, das Genuss zur Lebensphilosophie hochstilisiert, das gern und vor allem sich selbst feiert, und das sein historisches Erbe mit allen Mitteln zu schützen sucht, ohne dabei den Anschluss an die Moderne zu verlieren.

Frankreich heute, das ist die Militärparade auf den Pariser Champs-Elysées am 14. Juli zum Gedenken an die Revolution, aber auch der Jungfernflug des neuen Airbus. Das sind die neuesten Trendkreationen der Pariser Modedesigner, aber auch die seit Jahrhunderten gleichen Handgriffe eines Winzers in Burgund. Das ist der Kitesurfer an der Atlantikküste, aber auch der Einödbauer im Jura. Die Nation lebt von diesen Gegensätzen, die Geografie des Landes auch.

> *Frankreich zählt zu den beliebtesten Reiseländern der Welt*

Das *hexagone*, wie die 65 Mio. Franzosen ihr sechseckiges Land bezeichnen, umfasst ein Gebiet von 544 000 km² Größe mit über 3000 km Küste, mehreren hohen Gebirgsketten und zahlreichen flachen Ebenen. Es ist verwaltungstechnisch eingeteilt in 22 Regionen. Alle Fäden dieses weit gestreuten Landes laufen in einer Stadt zusammen: Paris. Die Metropole an der Seine ist Hauptstadt und Mittelpunkt des zentralistisch organisierten Staats. „Paris ist Frankreich", sagte schon Goethe. Hier treffen sich alle Verkehrsadern, hier sitzt das Gros der Firmen und die Verwaltung. Ein Viertel der Bevölkerung lebt hier, und die Monumente

Frankreich ist noch immer stark ländlich geprägt, davon zeugen viele kleine Dörfer

AUFTAKT

und Sehenswürdigkeiten drängen sich auf sehr engem Raum. Stadt des Lichts, Stadt der Liebe wird Paris auch genannt: wegen des faszinierenden Lichts der Île-de-France, der romantischen Ecken und geselligen Plätze; der schönen Frauen und charmanten Männer, des niemals endenden Nachtlebens und einer perfekten architektonischen Inszenierung, die oft erst abends, im Licht der unzähligen Strahler, ihren vollen Reiz entfaltet.

Alle Bemühungen, die starke Rolle der Metropole zugunsten anderer Großstädte zu verschieben, haben nur in Maßen Erfolg gehabt. Trotz der vom damaligen Präsidenten François Mitterrand in den 1980er-Jahren eingeleiteten Dezentralisierungsmaßnahmen ist Paris noch immer der Mittelpunkt des Landes. Dennoch haben einige andere Städte in den vergangenen Jahren aufgeholt. Marseille, die zweitgrößte Stadt ganz im Süden, hat ihre Rolle als Hafenstadt ausgebaut und stark am eigenen Image gearbeitet. Galt sie früher als gefährlicher Immigrantenmoloch, so etabliert sie sich heute als lebendige und junge Mittelmeermetropole. Auch Lyon, in dessen Großraum bis 1,4 Mio. Menschen leben, hat sich wirtschaftlich mit Hightech- und Biochemiefirmen, kulturell mit zeitgenössischen Kunstveranstaltungen und Architektur modernisiert.

Aufsteiger unter den französischen Städten sind sicherlich Toulouse, Nizza, Straßburg, Lille und Bordeaux, die alle in den vergangenen Jahrzehnten ihre Innenstädte erneuert,

Kaffee genießen mit Blick auf den Louvre

mit interessanten Neubauten bereichert und das öffentliche Verkehrsnetz ausgebaut haben. Gelegen an fünf verschiedenen Ecken des Landes, gelten diese Großstädte auch als Zugpferde ihrer jeweiligen Region. Auch wenn es in der Provinz, wie die Pariser etwas abschätzend alles jenseits ihrer eigenen Stadtgrenzen nennen, immer noch recht ländlich und tatsächlich etwas provinziell zugeht.

> **Stadt des Lichts, Stadt der Liebe wird Paris auch genannt**

Dieses starke Stadt-Land-Gefälle treibt zwar seit Jahrzehnten die jungen Leute auf der Suche nach Arbeit und Nachtleben in die Städte, doch ist in den vergangenen Jahren auch ein gegenteiliger Trend zu spüren. Mehr und mehr Familien mit Kindern oder

8 | 9

WAS WAR WANN?

Geschichtstabelle

Bis 8000 v. Chr. Ende der Altsteinzeit; bedeutende Höhlenmalereien in Südwestfrankreich

58–52 v. Chr. Julius Cäsar erobert Gallien und teilt es in Provinzen

481–751 n. Chr. Herrschaft der Merowinger

751–987 Herrschaft der Karolinger

1226–70 Unter Ludwig IX., genannt der Heilige, wird Frankreich zum größten Königreich Europas

1337–1453 Hundertjähriger Krieg mit England

1562–98 Religionskriege zwischen Katholiken und Protestanten

1789–99 Französische Revolution

1804 Napoleon lässt sich zum Kaiser krönen

1852–70 Zweite Republik und zweites Kaiserreich unter Napoleon III.

1870–1914 Dritte Republik

1914–45 Stellungskrieg im Ersten Weltkrieg. 1942 ist Frankreich im Zweiten Weltkrieg völlig besetzt. 1944 Landung der Alliierten an der normannischen Küste

1946–58 Vierte Republik

1958 Fünfte Republik unter Präsident Charles de Gaulle

1981–95 Nach Georges Pompidou und Valéry Giscard d'Estaing wird François Mitterrand Präsident

1995–2007 Präsidentschaft Jacques Chiracs

2007 Nicolas Sarkozy wird zum Präsidenten gewählt

karriereverwöhnte Paare kehren enttäuscht der Megalopolis Paris und anderen französischen Großstädten den Rücken zu und ziehen zurück aufs Land. Sie übernehmen verwaiste Bauernhöfe oder renovieren mit Liebe alte Villen, um dort Gästehäuser aufzumachen. Und sie wissen, dass die 75 Mio. Touristen, die jährlich nach Frankreich kommen, genau diese ländliche Lebensweise schätzen und suchen. Die Ruhe einer gewachsenen dörflichen Gemeinschaft in der Franche-Comté, die Gelassenheit eines provenzalischen Olivenbauern, das authentische Ambiente eines Trüffelmarkts im Périgord. Das sprichwörtliche französische Savoir-vivre eben – mit opulentem Essen in lustiger Gemeinschaft, faulen Nachmittagen in der Sonne und ausgiebigen, traditionellen Festen. Dieses Lebensgefühl und die damit verbundene Genussfreude sind Frankreich eigen und überall anzutreffen. In verschlafenen Landstrichen wie Berry, Limousin, Auvergne oder Midi-Pyrénées wie selbst in den Touristenhochburgen der Bretagne, Normandie, Aquitaine sowie an der im Sommer überlaufenen Mittelmeerküste von Languedoc-Roussillon, Provence und Côte d'Azur.

Der Süden mit seinem milden wie sonnigen Klima und seinen landschaftlichen Gegensätzen zwischen Meer und Gebirge gehört zu den reizvollsten Gegenden Frankreichs. Im Osten die Alpen, das Wanderparadies Cevennen, das azurblaue Mittelmeer. Im Westen die Pyrenäen und die windumtoste und wellenumspülte Atlantikküste, die dank ihrer

AUFTAKT

schönen Strände ein internationaler Hotspot für Surfer ist. Weinliebhaber kommen in Frankreich gleich an mehreren Ecken des Landes auf ihre Kosten. Die Gegend um Bordeaux, Burgund, das Elsass und natürlich die Champagne sind weltberühmt. Überall ziehen sich die Weinstöcke in strengen Linien die Hügel entlang bis zum Horizont: ein unvergleichlich schönes Panorama, vor allem im Flandres und Artois, wo Ackerbau vorherrscht und der Himmel weit und mild über der flachen Gegend hängt. Diese vielen Touristen unbekannte Gegend hat einige Höhepunkte der Architektur zu bieten, wie zum Beispiel die Kathedralen von Amiens oder Rouen, und eignet sich besonders für fortgeschrittene Frankreichbesucher, die sich bereits von den Schlössern der Loire oder der bretoni-

Keine Pyramide, aber auch ziemlich gläsern: Europäisches Parlament in Straßburg

Herbst, wenn sich die Weinblätter rötlich färben.

> **Weinliebhaber kommen auf ihre Kosten**

Immer grün ist es dagegen auf den Weideflächen der Bretagne und der Normandie im Nordwesten sowie in den nördlichen Ebenen von Picardie, schen Côte d'Armor verzaubern ließen und wiederkommen wollen, um Neues zu entdecken – oder um die inzwischen weit mehr als 365 Käsesorten zu probieren. Um für eine Zeit zu leben wie Gott in Frankreich. Wie sagte schon Thomas Jefferson (1743–1826), dritter Präsident der USA: „Jeder Mensch von Kultur hat zwei Vaterländer: das seine – und Frankreich."

10 | 11

▶▶ TREND GUIDE FRANKREICH

Die heißesten Entdeckungen und Hotspots!
Unser Szene-Scout zeigt Ihnen, was angesagt ist

Yoan Cardinal
Der Student kennt Frankreich wie seine Westentasche. Kein Wunder – schließlich kommt seine Mutter aus Südfrankreich, sein Vater aus der Bretagne, aufgewachsen ist er in Paris, und nun lebt er in Lyon. Als Hobbyfotograf hält er die Trends mit der Kamera fest und ist auch immer auf der Suche nach kulturellen Highlights. Unser Szene-Scout wäre keine typischer Franzose, würde er nicht gern essen und feiern.

▶▶ EDITHS ERBE

Die fabelhafte Welt des Chansons

Wer erinnert sich nicht an *Serge Gainsbourg*? Seine Musik bewegte eine ganze Nation und machte den Chanson unsterblich. Heute hat sich eine Reihe junger Songwriterinnen dem alten Stil angenommen und bringt wieder Schwung in die Szene. Mit rauer Stimme und Akkordeon kommt zum Beispiel *Zaza Fournier* daher. Bunt, frech und schrill ist sie. Anfangs interpretierte sie *Edith Piaf*, längst macht sie aber ihre eigenen Chansons. Und die machen einfach Spaß *(www.myspace.com/zazafournier*, Foto*)*. Afrikanische Klänge, Latin-Elemente, elektronische Einflüsse und ein Hauch von Mystik mischen sich in *Oshens* Musik *(www.oshen.info)*. Etwas ruhiger ist der Gitarrensound von *Claire Denamur*. Die Stimme erinnert an *Marylin Monroe*, Folk- und Jazz-Einflüsse sind unverkennbar *(www.clairedenamur.com)*. Live erleben kann man die drei und viele andere Künstler im *La Carène (30, rue Jean Marie Le Bris, Brest, www.lacarene.fr)* oder in Paris im *La Boule Noire (120, boulevard Rochechouart, Paris, www.laboule-noire.fr)*.

SZENE

▶▶ IM FOKUS

Fotografie in Frankreich

Einmal im Jahr erwacht das verschlafene La Gacilly zu wahrem Leben. Dann nämlich, wenn anlässlich der alljährlichen Open-Air-Fotoausstellung die Großen der Branche in die Südbretagne pilgern. In Altstadtgassen entlang des Flussufers oder im Schatten der Bäume in den Parks gibt es dann jede Menge Fotokunst zu bewundern *(www.festivalphoto-lagacilly.com, Foto)*. Ganz auf Fotografie hat sich das *Musée Nicéphore Niépce* spezialisiert *(28, quai des Messageries, Chalon-sur-Saône, www.museeniepce.com)*. Genau wie die Galerie *Esther Woerdehoff*, die sich durch die besondere Förderung ihrer Künstler international einen Namen gemacht *(36, rue Falguière, Paris, www.ewgalerie.com)*. Einer dieser Künstler ist *Philippe Calandre*, der in seinen Arbeiten Fotografie mit Malerei und Videokunst verbindet *(www.philippecalandre.com)*.

▶▶ LES HÔTELS UNIQUES

Ungewöhnliche Hotelkonzepte

In ist, was anders ist. Das gilt auch für Hotelzimmer oder ähnliche Schlafgelegenheiten. Im Park des *Château d'Uzer* lädt beispielsweise ein ausrangierter Eisenbahnwaggon liebevoll hergerichtet zum Übernachten ein *(Le Château, Uzer, www.chateau-uzer.com)*. Das Gästehaus *La Parare* war im 18. Jh. eine provenzalische Farm. Noch heute ist es umgeben von Olivenhainen, im Innern überrascht es mit historischem Gewölbe und moderner Einrichtung *(67, calade du Pastre, Chateauneuf Villevieille, www.laparare.com, Foto)*. Wer hoch hinaus will, sollte sich dagegen in Signy l'Abbaye in den Ardennen umsehen. Hier hat *Le Chêne Perche* neben einem Hochseilgarten nämlich auch ein Baumhaushotel errichtet, das hoch oben in den Baumwipfeln Ruhe verspricht *(Domaine de la Vénerie, www.lecheneperche.com)*.

▶▶ FUNSPORT SKIJÖRING

Action auf der Piste

Wintersportler aufgepasst! Skijöring erobert die französischen Skigebiete. Ein Skifahrer lässt sich dabei über einen abgesteckten Parcours ziehen, wahlweise von Schlittenhunden, einem Pferd, einem Auto, Motorrad oder Schneemobil. Immer mehr Wintersportorte veranstalten Rennen, z. B. Les Sybelles *(www.les-sybelles.com)*, Serre Chevalier *(www.serre-chevalier.com)* und Les Arcs *(www.lesarcs.com)*. Hier findet auch die französische Meisterschaft in der Disziplin statt *(www.skijoering.com)*.

▶▶ GAUMENFREUDEN

French Cuisine mal anders

Fusion Food ist die Kombination verschiedener kulinarischer Traditionen und Aromen. Im *La Tupina* offeriert man den Gästen French Cuisine mit einem Hauch Asien *(6, rue Porte de la Monnaie, Bordeaux, www.latupina.com, Foto)*. Auch im Restaurant *Bon* sind asiatische und internationale Einflüsse unverkennbar. Genießen kann man die Gerichte in den von Designer *Philippe Starck* gestalteten Räumlichkeiten *(25, rue de la Pompe, Paris, www.restaurantbon.fr)*. Europas wohl bestes Fusion Food gibt es im *Le Spoon*. Hier steht Alain Ducasse am Herd; er ist der bisher einzige Koch, der vom *Guide Michelin* gleich dreimal die Höchstwertung erhalten hat *(12, rue Marignan, Paris, www.spoon.tm.fr)*.

▶▶ CLUBBING DELUXE

Stylish muss es sein

Das Nachtleben in Frankreich ist heiß, ein Besuch in einem der stylischen Clubs lohnt sich. Im *Djoon* in Paris zum Beispiel bestimmen große Fenster, Deckenfresken aus der Rennaissance und moderne Akzente das Bild *(22–24, boulevard Vincent Auriol, www.djoon.fr, Foto)*. Ähnlich beeindruckend ist auch das Buddha-Ambiente im Kellergewölbe der *Baya Lounge Bar* in Haguenau *(5, impasse du Fleckenstein, www.baya-lounge.com)*. Ganz in weiß ist die *BarFlower* gehalten, eine spacige Lounge in Rouen *(21, rue du Grand Pont, www.barflower.com)*.

>> SZENE

>> SPA DÉLICIEUX

Köstliches Verwöhnprogramm

Entspannen wie Gott in Frankreich! Möglich ist das, weil die Spas hier mit außergewöhnlichen Anwendungen auf Erholungsbedürftige warten. Wenn man Papaya-Püree oder Crème de Café liest, kann man sich schon mal fragen, ob man vielleicht aus Versehen zur Speisekarte gegriffen hat. Aber nein, diese und andere Leckereien sind im *Sweet Spa* in Metz ausschließlich für die Haut bestimmt. Für die Gaumenfreuden danach ist das angeschlossene Restaurant zuständig *(21, rue Taison, www.sweet-metz.com)*. Auch Merlot-Wrap, Crushed-Cabernet-Scrub und Sauvignon-Massage sind nicht etwa zur Verkostung gedacht, sondern Teil der *Vinothérapie*. Diese steht bei einem Weingut nahe Bordeaux auf dem Programm und ist keineswegs nur Weinkennern vorbehalten *(Chemin de Smith Haut-Lafitte, Bordeaux-Martillac, www.sources-caudalie.com, Foto)*. Fernöstlich geht es auf dem *Buddha Boat Spa* zu, einem Wellness-Hausboot auf dem Canal du Midi in Toulouse *(Boulevard Monplaisir, www.buddhaboat-spa.com)*.

>> TRÈS CHIC

Frankreichs neue Modemacher

Die Kreationen der jungen Couturiers sind erfolgreich. Mit seinen ebenso eleganten wie exotischen Designs ist Jungdesigner *Christophe Guillarmé* längst nicht mehr nur in Europa erfolgreich, er erobert auch Nordamerika, den Mittleren Osten und Asien. Auf der Pariser Fashion-Week darf er nicht fehlen *(www.fashionguillarme.com)*. *Anne Valerie Hash* setzt auf Kontraste, mischt Androgynes mit Romantischem und klare Linien mit voluminösen Rüschen. Das Highlight: ihre Cocktailkleider *(www.a-v-h.com, Foto)*. Zu kaufen gibt es diese beispielsweise in der *Galeries Lafayette* in Paris *(40, boulevard Haussmann, www.galerieslafayette.com)*. Liebhaber farbenfroher und ausgefallener Designs z. B. von *Smash* werden außerdem im *Popleen* in Lyon fündig *(15, rue d'Algerie)*. Prêt-à-porter-Mode gibt es in den Boutiquen von *Marie Rebérat (2, rue Grétry Quartier Crébillon, Nantes oder 1, avenue Reine Victoria, Biarritz, www.marie-reberat.com)*.

14 | 15

> ## SAVOIR-VIVRE, SAVOIR FRANCE
> Frankreich zwischen Historie und Moderne – was die Nation bewegt, was sie ausmacht, was sie diskutiert

ARCHITEKTUR

Macht und Architektur gehen in Frankreich Hand in Hand. Es gehört zum guten Ton eines Regenten, sich in Bauwerken zu verewigen. Angefangen hat damit bereits Kaiser Augustus (43 v. Chr.–14 n. Chr.). In Nîmes und an anderen Orten im Süden Frankreichs ließ der Herrscher des römischen Reichs Tempel, Thermen und Arenen errichten. Später machten es ihm die kirchlichen Regenten nach. Ihnen verdankt das Land eine große Anzahl an romanischen Kirchen, allen voran Cluny und die Basilika Saint-Sernin in Toulouse, und später Meisterwerke der Gotik, wie Saint-Denis, Reims und Chartres.

Der Stil mit den berühmten Spitzbögen hielt sich bis ins 16. Jh. hinein, um dann von einem regelrechten Bauboom im Stil der Renaissance

Bild: Paris, Bibliothèque François Mitterrand

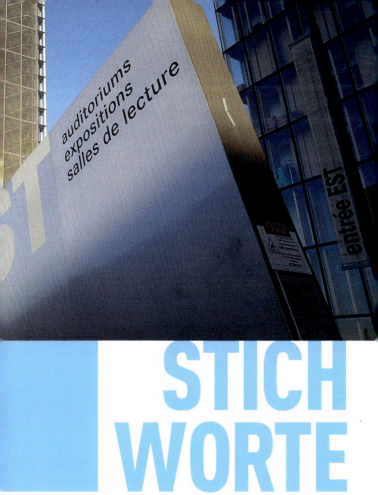

STICH WORTE

abgelöst zu werden. Hotspots an der Loire wie Azay-le-Rideau oder Chambord, später Fontainebleau, überboten sich gegenseitig an Pracht und Ausstattung. Doch es ging noch monumentaler: Im Klassizismus schuf Ludwig XIV. mit Versailles ein Bauwerk, dass alles andere blass aussehen ließ.

Im 18. Jh. entstanden vor allem Stadthäuser, unter der napoleonischen Herrschaft ziemlich verschnörkelte Empire- und später Rokokobauten. Mit der Dritten Republik übernahmen vom Volk gewählte Präsidenten das architektonische Zepter. Präsident Georges Pompidou initiierte das nach ihm benannte Kunstzentrum, und François Mitterrand war in seiner Bauwut kaum noch zu bremsen. Er ließ die besten Architekten der Welt nach Paris einfliegen: Der Chinese Ieho Ming Pei errichtete die Pyramide im Louvre, der Lateinamerikaner Carlos Ott die neue Oper, der Däne Johann Otto von Spreckelsen die Grande Arche de la Défense, um nur einige zu nennen. Mitterrands Nachfolger Jacques Chirac begnügte sich damit, das Musée du Quai Branly von Jean Nouvel zu Ende zu bringen. Nicolas Sarkozys Pläne sind noch nicht komplett, sollen aber wieder etwas ehrgeiziger sein.

BANLIEUE

Mit dem Begriff, der wortwörtlich übersetzt „Ort des Banns" bedeutet, werden die armen Vorstädte in Frankreich bezeichnet. Die Entstehung dieser *quartiers sensibles* setzte in den 1950er-Jahren ein, als Frankreich peu à peu seine nordafrikanischen Kolonien verlor und die vertriebenen Franzosen zurück ins Heimatland strömten. Zu ihnen gesellten sich dann später, in den 1970er-Jahren, viele Immigranten. Um der heranströmenden Bevölkerung Herr zu werden, zogen die Großstadtverwaltungen im Umkreis massenweise Sozialwohnungen in Plattenbauweise hoch, was zu einer Gettoisierung der Vorstädte führte.

Zu trauriger Berühmtheit gelangten die Banlieues, als es im Oktober 2005, bedingt durch den Tod zweier Jugendlicher, die vor der Polizei auf ein Starkstromgelände geflohen waren, zu Unruhen kam. Über Wochen hinweg brannten Autos in den Vorstädten; vor allem die jugendliche Bevölkerung lieferte sich einen erbitterten Kampf mit den Ordnungshütern. Die Ausschreitungen waren die schlimmsten seit den Studentenunruhen im Jahr 1968. An der prekären Lage der Banlieuebewohner, die allein wegen ihrer „schlechten" Adresse oft keinen Job bekommen und damit keine Zukunftschancen haben, hat sich dadurch jedoch kaum etwas geändert. Allerdings wird mit dem Thema heute sensibler umgegangen, die Jugendlichen kommen zu Wort, und vorschnelle Verurteilungen sind seltener geworden.

Schon die Griechen nannten Korsika „die Schöne"; den Beinamen trägt die Insel noch heute

STICHWORTE

BEVÖLKERUNG

Frankreich hat seine Bevölkerung in zwei Jahrhunderten verdoppelt. 65,1 Mio. zählt die Nation. Nach Deutschland hat damit Frankreich die zweithöchste Einwohnerzahl in Europa. Mit einer Geburtenrate von 2,2 Prozent liegt das Land im europäischen Vergleich an der Spitze. Hochrechnungen sagen, dass es 2050 rund 75 Mio. Franzosen geben wird. Die durchschnittliche Lebenserwartung ist mit 80,9 Jahren sehr hoch.

KORSIKA & DOM-ROM

Von den 26 französischen Regionen befinden sich vier in Übersee (Guadeloupe, Martinique, Französisch-Guayana, La Réunion). Sie werden kurz DOM-ROM genannt *(départements et régions d'Outre-Mer)*. Eine gewisse Sonderstellung nimmt auch die Insel Korsika (260 000 Ew.) ein.

Die „Insel der Schönheit", wie sie gern genannt wird, ist das viertgrößte Eiland im Mittelmeer. Sie bietet über 1000 km Küste, türkisfarbenes Wasser, schneeweiße Strände, raues Gebirge, pittoreske Orte und einen der schwierigsten Wanderwege des Landes, den berühmten GR 20. Die Bewohner sind stolz, fühlen sich nicht als Franzosen, sondern als Korsen. Unabhängigkeitsbestrebungen gab es immer, inzwischen ist es aber um die separatistische Bewegung FLNC recht ruhig geworden. Die Insel ist in zwei Departements verwaltungstechnisch aufgeteilt: Ajaccio, die Geburtsstadt Napoleons, ist Hauptstadt von Corse-du-Sud und Bastia, die Business-Zentrale der Insel, die Hauptstadt von Haute-Corse. Über die Insel informiert ausführlich der MARCO POLO Band „Korsika".

MODE

Die Mode- und Textilindustrie hat in Frankreich immer eine große Rolle gespielt. Bayeux ist für seine Spitze, Lyon für seine Seide bekannt. In Lille sind viele wichtige Stoffunternehmen beheimatet. Zentrum der Mode ist jedoch heute wie damals Paris. Hier erfand der Engländer Charles Frederick Worth 1857 die Haute Couture, aus der in den 1960er-Jahren die Prêt-à-Porter-Mode hervorging. Viele altehrwürdige Haute-Couture-Unternehmen wie Chanel, Dior oder Givenchy geben noch heute den Ton an. In den vergangenen Jahren schafften es auch in Vergessenheit geratene Firmen wie Lanvin, Balenciaga oder Nina Ricci durch junge Designer, an alte Erfolge anzuknüpfen.

RAUCHEN

Frankreich galt lange als Raucherparadies. Geprägt durch die rauchenden Akteure im berühmten Genre des „Film Noir", entwickelte sich auch jenseits der Landesgrenzen das Klischee des Franzosen mit der Gauloise in der Hand. Doch durch stark steigende Tabakpreise haben mehr und mehr Franzosen das Rauchen aufgegeben. Das Rauchen in allen öffentlichen Gebäuden, Bars und Restaurants ist verboten.

RELIGION

Frankreich ist ein laizistischer Staat. Das bedeutet, dass Staat und Religionsgemeinschaften vollkommen voneinander getrennt sind. Auf den Laizismus wird großen Wert gelegt, deswegen gibt es auch keine staatlichen Erhebungen über Religionszugehörigkeiten. Die veröffentlichen Statistiken variieren stark, jedoch geht man davon aus, dass die Mehrheit, konkret 62 Prozent, katholischen Glaubens ist. Der Islam ist zweitstärkste Religion in Frankreich.

SOMMERPAUSE

Das Jahr in Frankreich ist inoffiziell in die Zeit vor und nach der Sommerpause eingeteilt. Mitte Juli bis Mitte August ruht in den meisten Büros die Arbeit, in den Großstädten sind viele Geschäfte geschlossen. Das „normale" Leben hält erst in der ersten Septemberwoche wieder Einzug. Diese Zeit wird als *la rentrée* (die Rückkehr) bezeichnet. Das Wort orientiert sich an der Rückkehr der Schulklassen, wird inzwischen jedoch weiter gefasst. Denn parallel zur *rentrée* verschreibt sich das Land einer kulturellen Rund-

> DAS KLIMA IM BLICK
Handeln statt reden

Reisen bereichert und verbindet Menschen und Kulturen. Jedoch: Wer reist, erzeugt auch CO_2. Dabei trägt der Flugverkehr mit bis zu 10 % zur globalen Erwärmung bei. Wer das Klima schützen will, sollte sich somit nach Möglichkeit für die schonendere Reiseform (wie z. B. die Bahn) entscheiden. Wenn keine Alternative zum Fliegen besteht, so kann man mit *atmosfair* handeln und klimafördernde Projekte unterstützen.

atmosfair ist eine gemeinnützige Klimaschutzorganisation.

Die Idee: Flugpassagiere spenden einen kilometerabhängigen Beitrag für die von ihnen verursachten Emissionen und finanzieren damit Projekte in Entwicklungsländern, die dort helfen, den Ausstoß von Klimagasen zu verringern. Dazu berechnet man mit dem Emissionsrechner auf *www.atmosfair.de* wie viel CO_2 der Flug produziert und was es kostet, eine vergleichbare Menge Klimagase einzusparen (z. B. Berlin–London–Berlin: ca. 13 Euro). *atmosfair* garantiert, unter der Schirmherrschaft von Klaus Töpfer, die sorgfältige Verwendung Ihres Beitrags. Auch der MairDumont Verlag fliegt mit *atmosfair*.

Unterstützen auch Sie den Klimaschutz:
www.atmosfair.de

STICHWORTE

In den Kellereien der Champagnerhersteller reifen und lagern viele Millionen Flaschen

umerneuerung, die mit der Vorstellung neuer Filme, Bücher, Mode usw. einhergeht. In den Ferienorten an den Küsten findet diese Sommerpause nicht statt. Im Hinterland kann es jedoch passieren, dass man vor verschlossenen Restauranttüren steht.

WEIN

In Frankreich werden mehr als 100 Rebsorten angebaut, die zur Erzeugung von über 450 Weinen mit kontrollierter Herkunftsbezeichnung beitragen. Für Weißwein sind vor allem das Elsass und Burgund bekannt. Rotwein dagegen kommt eher aus den Regionen der Loire, Languedoc und Côtes du Rhône – und natürlich Bordeaux, das mit rund 5000 Weingütern das wichtigste Anbaugebiet des Landes ist. Eine Ausnahmestellung nimmt die Champagne ein, die weltweit allein das Recht hat, ihren Schaumwein Champagner nennen zu dürfen.

WIRTSCHAFT

In Frankreich waren bis vor wenigen Jahren sehr viele Großbetriebe noch in staatlicher Hand. Man sprach deshalb auch von einer gelenkten Volkswirtschaft. Jedoch wurde, wie auch in Deutschland, zunehmend privatisiert und auch dereguliert. Die Landwirtschaft spielt noch eine wichtige Rolle. Rund 80 Prozent des Nationalgebiets sind ländlicher Natur.

Frankreich ist die zweitgrößte Industrienation in Europa und die viertgrößte weltweit. Wichtige Branchen sind Lebensmittel, Automobil, Baugewerbe und Energie. Zahlenmäßig geringer, aber bedeutend im Außenhandel ist die Mode- und Parfümindustrie, bei der Frankreich als wichtigster Exporteur weltweit gilt.

ZEITEN FÜR DAS BESONDERE

Diese Termine sollten Sie sich rot im Kalender anstreichen: Sie machen Ihren Urlaub in Frankreich noch erlebnisreicher

> Irgendwo gibt es in Frankreich immer etwas zu feiern. Das Jahr ist reich an traditionellen, kulturellen, sportlichen und kulinarischen Events. Festliche Hauptsaison ist im Juli und August.

GESETZLICHE FEIERTAGE

1. Jan. Neujahr; **Ostermontag;**
1. Mai; 8. Mai Ende des Zweiten Weltkriegs; **Christi Himmelfahrt Pfingstmontag 14. Juli** Nationalfeiertag;
15. Aug. Mariä Himmelfahrt; **1. Nov.** Allerheiligen; **11. Nov.** Ende des Ersten Weltkriegs; **25. Dez.** Weihnachten

FESTE UND VERANSTALTUNGEN

Februar
Karneval wird in Frankreich nicht gefeiert – mit zwei Ausnahmen: In Nizza und Dunkerque gibt es sehr wohl närrische Tage.

März
Mit der *Feria in Arles* wird zu Ostern die Stierkampfsaison eröffnet.

April
Zum Gruseln: In Cognac findet das *Internationale Krimi-Filmfest* statt.

Mai
Das Mittelalter wird lebendig bei den *Jeanne-d'Arc-Festen* in Orléans (1. Maiwoche) und Rouen (Monatsende).
Pilgerfahrt der Zigeuner in Saintes-Maries-de-la-Mer vom 24. bis 26. Mai
Die Stiere sind los: 1 Mio. Menschen kommen jährlich zur *Fête de Corridas* in Nîmes.
 *Filmfestspiele* in Cannes

Juni
French Open: Tennisturnier im Stadion Roland Garros in Paris.
Am Utah Beach gedenken Veteranen und Pazifisten jährlich am 6. Juni der Landung der Amerikaner an der französischen Küste.
Zur *Fête de la Musique* spielen am 21. Juni in ganz Frankreich Bands kostenlos und für alle im Freien.

Aktuelle Events weltweit auf www.marcopolo.de/events

> EVENTS
FESTE & MEHR

In Le Mans fahren Sportwagen und Motorräder das berühmte 24-Stunden-Langstreckenrennen.

Insider Tipp: Für Ballettfans: Beginn des *Montpellier-Danse Festivals*, Informationen unter *www.montpellierdanse.com*

Juli
In Biarritz findet in der 3. Juliwoche das internationale ▶▶ *Surf-Festival* statt.
Ein immer gut besuchter Klassiker: das ⭐ *Theaterfestival in Avignon*

August
▶▶ Paris Plage: Sonnen, Baden und Feiern auf dem künstlich aufgeschütteten Strand an der Promenade am rechten Ufer der Seine
Nichts für zarte Gemüter: Bei der *Fête de Bayonne* geht es ebenso farbenfroh wie trinkfreudig zu.

September
Bei den *Journées Européenes de Patrimoine* öffnen sich sonst verschlossene Denkmäler für das Publikum.

Auch der Norden hat sein Filmfest mit Stars aus Hollywood: *Festival du Film Américain* in Deauville
Biennale in Lyon: im Jahreswechsel zeigt die Biennale Kunst oder Ballett, Infos unter *www.biennale-de-lyon.org*

Oktober
Auch in Paris gibt es einen Weinberg: Die Lese findet im Rahmen der *Fêtes des Vendanges* am Montmartre statt. *Insider Tipp*
Bei der *Nuit Blanche*, der langen Nacht der Museen, wird in ganz Frankreich im kulturell wertvollen Rahmen gefeiert.

November
Für Weinkenner: Am dritten Donnerstag im November um wird die Ankunft des Beaujolais in ganz Frankreich begrüßt.

Dezember
Am 8. Dezember zelebriert Lyon die *Fête des Lumières*. Sie geht auf ein religiöses *Insider Tipp* Ereignis von über 150 Jahren zurück.
3,2 Mio. Besucher zieht das vier Tage dauernde Lichtfest jedes Jahr an.

22 | 23

> DAS FEINSCHMECKERPARADIES

Fruchtbare Böden, kulinarische Innovationsfreude und geschmackliche Raffinesse begründen den Ruf der französischen Küche

> L'art de vivre, die Kunst zu leben, wird in Frankreich vielfach mit der Kunst des Essens gleichgesetzt. Kein Franzose nimmt einfach nur Nahrung zu sich. Jeder Restaurantbesuch wird zelebriert, Essen ist ein Event.

Dementsprechend hoch sind die Ansprüche an die Köche. Doch selbst im entlegenen Dorfgasthof werden diese Erwartungen aufs Höchste erfüllt. Denn auch traditionelle Rezepte aus der Region weisen eine Raffinesse auf, nach der Sie woanders lange suchen müssten.

Die meisten Gasthäuser und Restaurants haben sonntags geschlossen, da an diesem Tag traditionell zu Hause in der Familie gegessen wird. Nur die Bistros haben immer geöffnet. Sie sind ein wichtiger Teil der französischen Esskultur, denn sie bilden oft den Treffpunkt im Ort. Hier nimmt man an der Theke einen schnellen Kaffee oder Aperitif zu

> www.marcopolo.de/frankreich

ESSEN & TRINKEN

sich oder isst einen Happen zwischendurch. Ein Tagesgericht *(plat du jour)* gibt es immer. Meist handelt es sich dabei um Steak mit Pommes frites und Salat oder um eine Quiche. Schon ein bisschen mehr auf essende Gäste sind die Brasserien eingestellt. Das Wort bedeutet eigentlich Brauerei, doch inzwischen versteht man darunter gutbürgerliche Speiselokale, die Hausmannskost anbieten. Eine Besonderheit in dieser Kategorie sind die Lyoneser Bouchons. Diese kleinen, rustikalen Gaststätten entstanden Anfang des 20. Jhs., als die Bourgeoisie sich ihre Köchinnen nicht mehr leisten konnte. Die arbeitslosen Damen machten Lokale auf und kochten für die Arbeiter nahrhafte Speisen wie Kuttelwürste oder Rindermagen, die noch heute auf der Menükarte stehen, jedoch nicht jedermanns Geschmack sind. Dennoch sollte man die Bouchons nicht

Insider Tipp

unterschätzen, aus ihnen entstammen so berühmte Köche wie Paul Bocuse. Der Erfinder der Haute Cuisine ist sicherlich der wichtigste Botschafter der französischen Küche. Er hat international die Restaurantkultur revolutioniert und ist noch immer einer von rund 550 französischen Sterneköchen. Mit Sternen, Kochmützen oder Bestecken ausgezeichnete Restaurants gibt es in Frankreich allerorten. Einmal im Urlaub sollten Sie sich einen Besuch gönnen, denn hier wird – wie kaum woanders – die französische Kunst des Essens deutlich. Jenseits der

> SPEZIALITÄTEN
Genießen Sie die typisch französische Küche!

SPEISEN

anchoïade – provenzalische Paste aus Sardellen, Knoblauch und Öl
andouillette – Bratwurst aus Innereien
barquette d'huîtres à la normande – überbackene Blätterteigschiffchen, gefüllt mit Austern, Krabben und Champignons in Buttersauce
bouillabaisse – in Südfrankreich erhältliche, sehr reiche Fischsuppe mit gegarter Fischeinlage (mindestens drei verschiedene Fischsorten) und Gemüse als Hauptmahlzeit
cassoulet – Eintopf aus weißen Bohnen mit eingemachten Gänse-, Enten- und anderem Fleisch (Foto)
confit de canard – Entenfleisch, im eigenen Fett gekocht und eingemacht
coq au vin – Hähnchen in mit Speck, Zwiebeln und Kräutern angereicherter, dicker Rotweinsauce
coquilles St-Jacques à la provencale – gedünstete Jakobsmuscheln in Knoblauchbutter
croque-monsieur – typischer Pariser Mittagssnack, überbackener Toast mit Schinken und Käse
pavé de saumon – Lachspastete in Gelee
pot au feu – Suppentopf mit Rindfleisch, Hühnerfleisch, Gewürzen und Gemüse
rillettes – Püree aus Schweinefleisch und Schweineschmalz als Baguette-Aufstrich
sauté d'agneau – Lammragout
tapenade – typische provenzalische Püreepaste aus Oliven, Kapern, Sardellen, Öl, Senf und Zitronensaft
tripes à la mode de Caen – Kuttelgericht mit Suppengemüse

GETRÄNKE

un demi – kleines Bier (0,25 l)
infusion – Kräutertee
noisette – kleiner Espresso mit einem Schuss aufgeschäumter Milch
panaché – Radler, Alsterwasser (Bier mit Limonade)

ESSEN & TRINKEN

Haute-Cuisine-Zentren Paris, Elsass, Lyon und Côte d'Azur sind diese Nobelrestaurants sogar durchaus bezahlbar.

Geschlemmt wird vor allem abends. Das Frühstück hat in Frankreich keine Bedeutung und fällt dementsprechend mit Croissant und einer Tasse Kaffee oft recht spärlich aus. Fürs Mittagessen lassen sich die Franzosen schon mehr Zeit, auch unter der Woche. Viele Geschäftstermine finden beim *déjeuner* statt, doch über die wichtigen Dinge spricht man immer erst beim abschließenden *petit café*, niemals vorher. Das käme einem Sakrileg gleich. Das Abendessen *(dîner)* ist dagegen ein echtes Spektakel, meist mit mehrgängigem Menü. Menüs sind grundsätzlich billiger als ein Essen *à la carte* und bestehen in der Regel aus Vorspeise *(entrée)*, Hauptspeise *(plat)* und Nachspeise *(dessert)*, einem Käse oder etwas Süßem. Für Wenigesser bieten inzwischen fast alle Restaurants eine Menüwahl zwischen Vorspeise mit Hauptgericht oder Hauptgericht mit Dessert an. Bei den *plats* handelt es sich um ein Fisch- oder Fleischgericht, serviert mit Gemüsebeilage oder ganz ohne Beilagen. Brot steht immer bereit.

Eine günstige Alternative zum sehr teuren Mineralwasser ist eine *caraffe d'eau*, eine offene Flasche Leitungswasser, die nichts kostet. Früher wurde sie – wie Brot – direkt auf den Tisch gestellt, inzwischen muss man sie bestellen. Für den Wein wird in Frankreich gern Geld ausgegeben. Es muss kein Grand Cru sein, aber Sie sollten sich die Probe der verschiedenen guten Tropfen nicht entgehen lassen. Viele Restaurants bieten auch ==große und berühmte Weine in halben Flaschen an==. *Insider Tipp*

Gegessen wird abends meist etwas später als in Deutschland: In der

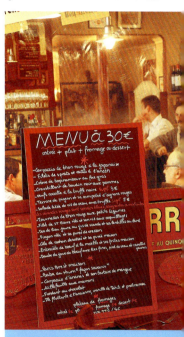

Typisch Bistro: Tagesgerichte auf der Tafel

Provinz ist 20 Uhr normal, im Süden und Paris zwischen 21 und 23 Uhr. Eine Besonderheit gilt es in der Hauptstadt zu beachten: Abends gibt es zwei *services*, also zwei Schichten. Gäste der ersten Schicht werden oft gegen 22 Uhr zum Gehen aufgefordert, weil die neuen Gäste bereits warten. Es empfiehlt sich daher, den letzten *service* zu nehmen, um entspannt sitzen bleiben zu können.

26 | 27

ZUM MITNEHMEN

Reiseandenken an die französische Lebensart, die man ungern wieder hergibt

Hausgemachter Lavendelhonig, Essig mit Himbeersaft, kandierte Früchte, handgewebte Lammwolldecken – auf einer Reise durch Frankreich entdecken Sie immer etwas, das es bei uns zu Hause nicht gibt. Die besten regionalen Produkte finden Sie beim Bummel über die Wochenmärkte. Gute Adressen für ausgefallene, handgemachte oder nach alten Rezepten gefertigte Waren sind auch die *Maisons de Produits de Pays* . Diese regional organisierten Vermarktungsgesellschaften bieten in konzentrierter Form das Sortiment der ansässigen kleinen Produktionsbetriebe und Bauernhöfe an. Der Preis ist der gleiche wie beim Hersteller, weil die Verkaufsstätten keinen Gewinn erwirtschaften müssen.

ESS- UND TISCHKULTUR

Kristall: In den tiefen Wäldern von Lothringen verstecken sich uralte Kristallfabriken. Die älteste ist *Saint-Louis* in *Saint-Louis-lès-Bitche*, die bekannteste *Baccarat (www.baccarat.fr)* im gleichnamigen Ort. Direkt an den Kristallfabriken gibt es Fabrikverkäufe für Kristallgläser und -vasen.

Messer: Das Klappmesser *Laguiole (www.laguiolefrance.com)* aus der Region Midi-Pyrénées hat fast jeder in Frankreich, weil es so gut schneidet. Ein echtes Laguiole hat einen Griff aus Holz, Horn, Aluminium oder Elfenbein. Erkennungszeichen ist die Mücke am Klappmechanismus. *L'Opinel* ist die Konkurrenz zu Laguiole und kommt aus Savoyen. An der Form dieses Messers hat sich seit über 100 Jahren nichts geändert *(www.opi-l.com)*.

Steingut: Fayencen und schöne Töpferware erhalten Sie in ganz Frankreich, aber berühmt sind sie aus Angoulême, Oloron-Sainte-Marie, Toulouse, Quimper und der Gegend um Aubagne.

MODE UND TEXTILIEN

Designermode aus Paris: Die Kreationen der berühmten Modehäuser aus Paris bekommt man in allen Metropolen der Welt, doch meist nie das ganze Sortiment. Eine Tour durch die Avenue Mon-

> EINKAUFEN

taigne und ein Abstecher in den Louis Vuitton Store auf den Champs Elysées lohnen deshalb allemal.
Espadrilles: Die einfachen Jute-Baumwoll-Latschen kommen aus dem Baskenland – und nie aus der Mode. Zentrum der Fabrikation ist der Ort *Mauléon*, wo sie wie ehedem gefertigt werden. Bekannte Firmen sind *Bigaya* und *Prodiso* (www.espadrilles-mauleon.fr).
Haustextilien: Neben den bunten Textilien aus der Provence, die man auf Märkten findet, ist vor allem die Tischwäsche *Les Olivades* aus Nîmes berühmt (www.lesolivades.fr).
Matrosenpullis: In der Normandie und der Bretagne hängen sie in fast allen Geschäften. Modische Modelle bekommt man bei der bretonischen Traditionsfirma *Armor Lux* (www.armorlux.com).

■ REGIONALE LECKEREIEN ■

Sie sind unzählig. Hier dennoch ein paar Spezialitäten, nach Regionen sortiert:
Zentrum: Die Würste aus der Auvergne sind ein Gedicht, der Senf aus Dijon ist weltberühmt. Nicht zu vergessen der Burgunderwein.
Osten: Die besten *macarons*, luftige Biskuithälften mit Creme, kommen aus *Nancy*. Bergamotte-Bonbons und guten Schnaps gibt es überall in Lothringen. Guten und günstigen Champagner sollten Sie nicht in den großen Häusern, sondern beim regionalen Weinbauern kaufen. Die Franche-Comté ist für ihren Käse berühmt, vor allem für Comté und Morbier.
Norden/Westen: Die Normandie ist für ihren Cidre, Calvados und ihre Karamellbonbons bekannt.
Südwesten: Die beste Gänseleberpastete kommt aus dem Périgord. Einen Rundgang verdienen dort auch die Trüffelmärkte. Im Baskenland ist das scharfe Gewürz *Espelette* erhältlich und weiter nördlich natürlich Bordeauxweine.
Südosten: Gutes Olivenöl und Lavendelhonig gibt es in der Provence. Besondere Spezialitäten sind die *calisson* (Marzipanplätzchen) aus Aix-en-Provence und die kandierten Früchte aus Apt.

> DER NABEL FRANKREICHS

Paris und seine Umgebung sind das kulturelle, politische und wirtschaftliche Zentrum des Landes

 KARTE IN DER HINTEREN UMSCHLAGKLAPPE

> [176–177 C3-D4] Die Hauptstadt Frankreichs (2,15 Mio. Ew.) gehört zu den meistbesuchten Orten weltweit. Das kommt nicht von ungefähr.

Hier laufen alle Verkehrsadern zusammen, hier befindet sich Europas zweitgrößter Flughafen, Charles-de-Gaulle; hier haben internationale Organisationen ihren Sitz, z. B. die Unesco und die OECD. Hier stehen viele der berühmtesten Sehenswürdigkeiten des Landes: Allein über 160 Museen gibt es in Paris. Der kulturelle Schatz und die Konzentration von Meisterwerken machen die Stadt für Kunstinteressierte zu einem der wichtigsten Ziele weltweit.

Menschen fast aller Nationalitäten und Religionen leben in Paris und verleihen der Hauptstadt internationales Flair. Dank ihrer Einwohner ist sie lebendig, quirlig und steckt voller

Bild: Paris, Glaspyramide am Eingang des Louvre

PARIS

Überraschungen. Die Pariser sind mächtig stolz auf ihre Metropole und tun alles, um sich im Großstadtmoloch noch ein bisschen Kleinstadtromantik zu erhalten. Denn längst ist die Stadt über ihre eigenen Grenzen hinausgewachsen und bildet heute eine bauliche Einheit mit dem Umland, das zusammen mit Paris 14 Mio. Menschen fasst und erst an seinen Grenzen in ländlichere Gegenden übergeht.

In der nur 70 000 m^2 großen Metropole drängen sich Denkmäler, Museen und architektonische Meisterwerke sowie ein ungeheures Angebot an Restaurants, Bars und Geschäften. Paris hat immer Saison. Internationale Stars geben hier Gastspiele, Wirtschaftskonferenzen sind an der Tagesordnung, große Sportereignisse und Kunstausstellungen füllen jede Woche ein ganzes Buch voller Events und Kulturveranstaltungen.

Paris ist noch vor New York und Mailand die Hauptstadt der Mode, deren Prêt-à-Porter- und Haute-Couture-Schauen zweimal im Jahr die Fashionszene aus der ganzen Welt anlockt.

Der nicht endende Zustrom von Menschen hat aber auch seine Schattenseiten: Die Stadt erstickt im Verkehr, die Luftverschmutzung ist sehr hoch, und die Bevölkerungsdichte sucht ihresgleichen. Das Quartier Oberkampf z. B. gehört zu den am dichtesten besiedelten Stadtteilen in ganz Europa. Das schafft Spannungen, die sich leider oft in etwas rüden Umgangsformen ausdrücken. Pariser stehen auch in dem Ruf, hochnäsig und unfreundlich zu sein. Doch schafft man es, ihre harte Schale zu knacken, entfalten sie ihren typischen Pariser Charme.

SEHENSWERTES

CHAMPS-ELYSÉES [U A-B 2-3]

Eines der Symbole von Paris: Wenn es etwas zu feiern gibt, strömen die Pariser auf die fast 2 km lange Avenue, die an ihren Enden durch zwei

Überragendes Wahrzeichen: der Eiffelturm in Paris

große Plätze begrenzt wird: im Südosten die *Place de la Concorde*, erkennbar an dem ägyptischen Obelisken, und im Nordwesten die *Place de Charles-de-Gaulle*, auf dem der *Arc de Triomphe* steht. M° Concorde, M° Ch.-de-Gaulle-Étoile, Linie 1

EIFFELTURM (TOUR EIFFEL) ★ [U A4]

Wer *la Dame de fer*, wie die Franzosen sagen, nicht gesehen hat, hat Paris

> *www.marcopolo.de/frankreich*

PARIS

nicht gesehen. Das berühmte Wahrzeichen der Stadt wurde von Gustave Eiffel (1832–1923) für die Weltausstellung 1889 erbaut, erhebt sich 324 m in die Höhe und wiegt 7000 t. Nach über 1650 Stufen sind Sie oben, einfacher geht es mit dem Lift. Von der ☼ dritten Plattform haben Sie einen tollen Rundblick über die Stadt. Nachts, immer zur vollen Stunde, glitzert der Eiffelturm *(www.tour-eiffel.fr)*. Der <mark>schönste Blick</mark> auf dieses Lichtspektakel bietet sich Ihnen vom gegenüberliegenden ☼ Trocadéro aus. *Aufzüge tgl. Mitte Juni–Aug. 9–0.45, sonst 9.30–23.45 Uhr | Eintritt ab 4,50 Euro | M° Tour Eiffel, Linie RER C*

Insider Tipp

INVALIDEN (LES INVALIDES)   [U B4]

Darunter versteht man streng genommen die Esplanade zwischen der Seine und den Sehenswürdigkeiten *Hôtel des Invalides* und *Dôme des Invalides*, doch inzwischen ist damit das ganze Ensemble gemeint. Neben dem Hôtel des Invalides, in dem sich heute das Armeemuseum verbirgt, ist vor allem der Invalidendom interessant. Unter der Kuppel, die zum 200. Nationalfeiertag 1989 neu vergoldet wurde, befindet sich das Grab Napoleons, ein rötlicher Porphyrsarkophag. *129, rue de Grenelle | www.invalides.org | tgl. April–Sept. 10–18, Okt.–März 10–17 Uhr | Eintritt 8,50 Euro | M° La Tour Maubourg, Linie 8*

LOUVRE ★   [U D4]

Ein Tag reicht nicht, um den Louvre in seiner Gänze und Pracht zu besichtigen. Das größte Museum der Welt gliedert sich in acht Abteilungen, in denen auf einer Fläche von 60 600 m² etwa 35 000 Werke gezeigt werden, Wechselausstellungen nicht mitgerechnet. Die meisten Erstbesucher konzentrieren sich angesichts dieser Fülle auf die italienische Renaissance mit Leonardo da Vincis berühmtestem Gemälde, der Mona Lisa im Salle des Etats, sowie

MARCO POLO HIGHLIGHTS

★ **Eiffelturm (Tour Eiffel)**
Ob nah oder fern – *la Dame de fer* zeigt sich von ihrer besten Seite (Seite 32)

★ **Louvre**
Das größte und wohl auch schönste Museum der Welt (Seite 33)

★ **Musée du Quai Branly**
Ein Museumsneubau, der in Bann schlägt (Seite 35)

★ **Sainte-Chapelle**
Das Licht in der Kapelle ist magisch, mysteriös und meditativ (Seite 36)

★ **Grande Arche**
Mit diesem Bau krönte der einstige Präsident François Mitterrand seine reiche Architekturhinterlassenschaft (Seite 39)

★ **Vaux-le-Vicomte**
Das Château war Vorbild für Versailles – und ist ein Meisterwerk des 17. Jhs. (Seite 41)

★ **Versailles**
Der renovierte Spiegelsaal des berühmten Schlosses erstrahlt in neuem Glanz (Seite 41)

die Meisterwerke der französischen Malerei im Flügel Sully. *Cour Napoléon | www.louvre.fr | Sa–Mo und Do 9–18, Mi und Fr 9–22 Uhr | Eintritt 9 Euro | M° Louvre-Rivoli, Linie 1*

MARAIS ▶▶ [U F4]

Das hübsche Viertel mit den kleinen gepflasterten Gässchen aus dem 17./18. Jh. ist für viele junge Leute heute eine der beliebtesten Wohngegenden der Stadt. Zahlreiche Boutiquen, Restaurants und Bars beleben das Viertel, dessen Herz an der viereckigen und von Arkaden begrenzten *Place des Voges* schlägt. Im Marais gibt es zahlreiche schöne Bürgerhäuser, wie das stadtgeschichtliche Museum *Hôtel Carnavalet (23, rue de Sévigné)* und das *Hôtel de Sully (62, rue St-Antoine)*, in dem sich heute ein Ableger des Museums *Jeu de Paume* befindet. *M° St-Paul, Linie 1*

MONTMARTRE [U D-E1]

Das Viertel auf dem höchsten Pariser Hügel hat sich seinen dörflichen Charme erhalten und ist genau deswegen das Ziel vieler nostalgieverliebter Touristen, die auf den Spuren von berühmten Malern wie Pablo Picasso, Paul Gauguin, Henri Rousseau oder Amedeo Modigliani wandeln wollen. Noch heute tummeln sich auf der *Place du Tertre* jede Menge Straßenkünstler. Viele Pariser meiden das Viertel, in dem Touristennepp weit verbreitet ist. Jedoch sollten Sie auf keinen Fall den Aufstieg zur Kirche ✹ *Sacré-Cœur* verpassen! Die schneeweiße, im römisch-byzantinischen Stil erbaute Basilika ist nicht nur selbst einen Besuch wert, sondern bietet auch einen der schönsten Blicke über die Stadt. *M° Anvers, Linie 2*

MUSÉE D'ART MODERNE DE LA VILLE DE PARIS (MAM) [U F4]

Das Museum für moderne Kunst wurde für 15 Mio. Euro renoviert und dabei auch gleich neu gegliedert. Der Chronologie folgend gibt es nun einen *Parcours Historique*, mit Wer-

Im Einkaufsparadies Marais sind die Läden auch sonntags geöffnet

ken des Kubismus, Postkubismus, Orphismus, und einen *Parcours Contemporain* mit den Stilen Neuer Realismus, Fluxus, Arte Povera und zeitgenössischer Kunst. Das Herzstück des Museums, die Freske ==„La Fée Electricité"== von Raoul Dufy, erstrahlt nach der Grundsanierung ebenfalls in neuem Glanz. *11, avenue du Président Wilson | www.mam.paris.fr | Di und Do–So 10–18, Mi 10–22 Uhr | Eintritt frei | M° Iéna, Linie 9*

MUSÉE D'ORSAY [U C4]
In dem in einem umgebauten Bahnhof untergebrachten Museum buhlen Kunst und Architektur um die Aufmerksamkeit der Besucher. Die filigrane Schönheit des Gebäudes passt wunderbar zum Ausstellungsschwerpunkt Impressionismus. Neben Gemälden sind zahlreiche Skulpturen und Kunstobjekte zu sehen. *Quai Anatole France | www.musee-orsay.fr | Di, Mi und Fr–So 9–18, Do 9–21.45 Uhr | Eintritt 8 Euro | M° Musée d'Orsay, Linie RER C*

MUSÉE DU QUAI BRANLY ★ [176 C4]
Mit dem Neubau des Museums bekam die Kunst Afrikas, Amerikas, Ozeaniens und Asiens eine neue Heimat in Paris. Das Mammutprojekt, das Architekt Jean Nouvel direkt ans Ufer der Seine baute, beherbergt 300 000 Objekte. *55, quai Branly | www.quaibranly.fr | Di/Mi und So 11–19, Do–Sa 11–21 Uhr | Eintritt 8,50 Euro | M° Pont de l'Alma, Linie RER C*

NOTRE-DAME [U E5]
Die berühmte Kathedrale liegt im Herzen von Paris, auf der *Île de la*

Großer Bahnhof für Kunst: Musée d'Orsay

Cité. Den besten Blick auf das architektonische Juwel haben Sie vom ☀ *Quai de la Tournelle* aus. Erbaut von 1163 bis 1300, ist sie innen wie außen sehenswert. Ein besonderes Augenmerk verdienen die Fassade beim Haupteingang mit dem reich verzierten Portal, der Chorbereich und die schönen Glasfenster. Vom ☀ Turm aus haben Sie einen sehr schönen Blick über die Innenstadt. *Place du Parvis-Notre-Dame | www.notredamedeparis.fr | tgl. 8–18.45, Turmbesteigung April–Sept. 10–18.30, Okt. bis März 10–17.30 Uhr | Eintritt 8 Euro | M° Cité, Linie 4*

RIVE GAUCHE [U D-F 4–5]
Das linke Ufer der Seine ging in die Geschichte ein als das Viertel der

34 | 35

Intellektuellen. Die Universität *Sorbonne* ist dort beheimatet, Ende des 19. Jhs. siedelten sich Buchverlage an, später zog die Existenzialisten- und Künstlerszene nach Saint-Germain-des-Prés. Das berühmte Viertel bildet heute zusammen mit dem ältesten Teil der Stadt, dem *Quartier Latin*, und dem 7. Arrondissement die teuerste Wohngegend von Paris. Nicht verpassen sollten Sie die Kirche *Panthéon*, den *Jardin du Luxembourg* mit dem Gebäude des Senats und die Kirche *Saint-Sulpice*. M° St-Sulpice, Linie 4

SAINTE-CHAPELLE ★ [U E4]

Die wunderschöne Palastkapelle der ehemaligen königlichen Residenz ist ein verstecktes Kleinod. Erbaut im 13. Jh. von Ludwig IX., dem Heiligen, gilt sie als Meisterwerk der Gotik. Sie besteht aus zwei Etagen. Der untere Teil der Kapelle selbst ist nur 7 m hoch. Der obere Teil besticht mit den schönsten und ältesten Fenstern von ganz Paris, die das Innere in ein unwirkliches Licht tauchen. *4, boulevard du Palais* | http://sainte-chapelle.monuments-nationaux.fr | *März–Okt. 9.30–18, Nov.–Feb. 9–17 Uhr | Eintritt 8 Euro | M° Cité, Linie 4*

■ ESSEN & TRINKEN ■

LE CLOS DES GOURMETS [U A-B4]

Kleines, aber äußerst feines Restaurant im Louis-XVI-Stil mit raffinierter Küche aus besten Zutaten. *16, avenue Rapp | Tel. 01 45 51 75 61 | So/Mo geschl. | €€€ | RER Pont de l'Alma, Linie C*

AUX LYONNAIS [U E3]

Ein Bistro, wie man es in Paris erwartet: mit Stuck, Kacheln und deftiger Küche. *32, rue St-Marc | Tel. 01 42 96 65 04 | www.auxlyonnais.com | Sa mittags und So/Mo geschl. | €€ | M° Grands Boulevards, Linie 9*

LES PAPILLES [U E3]

Gemütliches Restaurant mit beachtlichem Weinangebot in den Regalen und herzhafter Speiseauswahl. *30, rue Gay-Lussac | Tel. 01 43 25 20 79 | www.lespapillesparis.fr | So geschl. | €€ | M° Luxembourg, Linie RER B*

PRUNE ▶▶ [U F3] Inside Tip

Der Klassiker der Bohème am trendigen Canal Saint-Martin: direkt am Wasser, immer geöffnet und noch

>LOW BUDGET

> Die städtische Verkehrsgesellschaft RATP bietet mit *Paris Visite* eine Fahrkarte an, die für alle Transportmittel gilt (*1–5 Tage Gültigkeit* | www.ratp.fr).

> Die ständigen Ausstellungen der städtischen Museen sind das ganze Jahr über umsonst, die nationalen Museen nur am ersten Sonntag eines Monats. Mit dem Paris Museum Pass (www.parismuseumpass.com), gültig für zwei, vier oder sechs Tage, besuchen Sie 60 Museen und Sehenswürdigkeiten zum Einheitspreis.

> Über kostenlose WLAN-(WIFI)-Spots in der Stadt informieren die Websites www.journaldunet.com und www.wifi.paris.fr.

> Einen guten Stadtplan erhalten Sie kostenlos am Infostand im Kaufhaus Galeries Lafayette.

PARIS

bezahlbar. Ideal für einen Brunch am Sonntag. *71, quai de Valmy | Tel. 01 42 41 30 47 | € | Mº République, Linie 3,5, 8, 9,11*

■ EINKAUFEN

Paris ist ein wahres Shoppingparadies. Beliebte Einkaufsstraßen sind die *Rue de Rivoli* und die *Rue de Rennes*, wo die großen Modeketten sich niedergelassen haben. Intimer shoppt man im *Quartier Marais* rund um die ▶▶ *Rue des Francs Bourgeois* und in *St-Germain-des-Prés* in den Parallelstraßen der Rue Bonaparte. Die Shoppingmeile schlechthin aber ist und bleibt der *Boulevard Haussmann*, wo sich die Kaufhäuser *Galeries Lafayette* und *Le Printemps* befinden.

LADURÉE [U A2]

Die berühmten *macarons* der Konditorei, zwei mit einer Creme zusammengehaltene Biskuits, gelten als die besten der Stadt. Es gibt sie in vielerlei Sorten. *75, avenue des Champs-Elysées | www.laduree.com | Mº George V, Linie 1*

■ ÜBERNACHTEN

HÔTEL LE A [U B2]

Nahe den Champs-Elysées gelegenes Designhotel im puristischen Schwarz-Weiß-Dekor. *51 Zi. | 4, rue d'Artois | Tel. 01 42 56 99 99 | Fax 01 42 56 99 90 | www.paris-hotel-a.com | €€€ | Mº Saint Philippe du Roule, Linie 9, oder Franklin-D. Roosevelt, Linie 1*

HÔTEL DE NESLE [U D5]

Bunt gestaltetes Minihotel in einer kleinen Seitenstraße im Viertel Saint-Germain-des-Prés. Zu empfehlen sind die Zimmer namens Melanie, Molière und Afrique. Es gibt zwar kein Frühstück, aber einen romantischen Rosengarten. *20 Zi. | 7, rue de*

Savoir-vivre: Bistro in Paris

Nesle | Tel. 01 43 54 62 41 | Fax 01 43 54 31 88 | www.hoteldenesle paris.com | €€ | Mº Odéon, Linie 4, 10

NOUVEL HÔTEL [177 D3]

Nett im Laura-Ashley-Look gestaltetes kleines Hotel mit sehr ruhigem

36 | 37

Insider Tipp

Innenhof. Tipp: Zimmer 109 hat einen direkten Zugang zum Patio. *28 Zi. | 24, avenue du Bel-Air | Tel. 01 43 43 01 81 | Fax 01 43 44 64 13 | www.nouvel-hotel-paris.com | €€ | M° Nation, Linie 1, 2, 6, 9, RER A*

DES VOYAGEURS 🔊 [175 D4]

Einen Steinwurf vom Kunsttempel Fondation Cartier entfernt liegt dieses einfache, aber sehr modern gestaltete Hotel mit einem sehr schönen Garteninnenhof. *26 Zi. | 22, rue Boulard | Tel. 01 43 21 08 20 | www.hoteldesvoyageursparis.com | € | M° Denfert-Rochereau, Linie 4, 6, RER B*

AM ABEND

Das Angebot für den Abend und die Nacht ist – wie nicht anders zu erwarten – riesig. Einen guten Überblick über die aktuellen Programme bieten die wöchentlichen Stadtmagazine „Pariscope" und „L'officiel des spectacles", die Sie am Kiosk erhalten. Die berühmten Revuen sind oft schon Wochen im Voraus ausgebucht. Besser ist es, die Karten bereits vor der Abreise online zu bestellen: *Lido (www.lido.fr)*, *Folies-Bergère (www.foliesbergere.com)* und *Bal du Moulin-Rouge (www.moulinrouge.fr)*. Gleiches gilt für die Oper *(www.operadeparis.fr)*, die in Paris zwei Häuser unterhält: die neue, moderne *Opéra de la Bastille* und das reich geschmückte *Palais Garnier* im Zentrum. Für Ballettveranstaltungen ist das ▶▶ *Théatre de la Ville (www.theatredelaville-paris.com)* berühmt.

Nachtclubs und Bars gibt es in der ganzen Stadt. Zu den derzeit sehr angesagten Clubs im Zentrum gehört ▶▶ *Le Regine (49, rue Ponthieu | www.leregine.com | Di–Sa ab 23 Uhr | M° Franklin D. Roosevelt)*, und auch der alte Konzertsaal *Le Bataclan* feiert mit Live-Acts und bekannten DJ-Abenden ein Comeback *(50, boulevard Voltaire | www.le-bataclan.*

Ein Augenschmaus für Liebhaber moderner Architektur: La Défense

PARIS

com | Fr/Sa ab 0 Uhr, Juli/Aug. geschl. | Mo St-Ambroise).

AUSKUNFT

OFFICE DU TOURISME ET DES CONGRÈS [U D3]

25, rue des Pyramides | *Tel. 08 92 68 30 00 | Fax 01 49 52 53 00 | www.parisinfo.com | Mo Pyramides, Linie 7, 14*

Ausführliche Informationen zur Hauptstadt Frankreichs finden Sie im MARCO POLO Band „Paris".

ZIELE IN DER UMGEBUNG

Die Grenzen zwischen der Metropole und dem Großraum Paris sind fließend. Die sogenannten Banlieues beginnen direkt hinter der Stadtautobahn *Périphérique*. Insgesamt wohnen 11,5 Mio. Menschen in dieser Region, die wirtschaftlich eine wichtige Rolle spielt. Viele Unternehmen haben hier ihren Sitz oder ihre Filiale. Doch auch landschaftlich und kulturell ist die Region interessant, beherbergt sie doch einige der schönsten Schlösser und Waldgebiete von ganz Frankreich.

BARBIZON [170 B4]

Der kleine Ort (1490 Ew.) rund 50 km südlich von Paris gilt als die Wiege des Impressionismus. Künstler wie Théodore Rousseau, Jean-François Millet, Claude Monet oder Pierre-Auguste Renoir betrieben hier Malstudien und gründeten die berühmte *École de Barbizon*. Der Geist der damaligen Zeit wird wach im Museum *Auberge Ganne (92, Grande Rue | www.tourisme77.com | Mi–Mo 10–12.30 und 14–17.30 Uhr | Eintritt 3 Euro).*

LA DÉFENSE [176 C3]

Das Büroviertel mit seinen zahlreichen Hochhäusern vor den Toren von Paris ist nicht jedermanns Geschmack, jedoch finden sich dort Perlen moderner und zeitgenössischer Architektur. Dazu gehören das 1958 konstruierte *Centre National des Industries et Techniques (CNIT)* von Bernard Zherfuss und die 1989 erbaute ★ *Grande Arche* von Otto von Spreckelsen, die exakt in der Achse von Place de la Concorde und Arc de Triomphe liegt. Das Viertel, das derzeit im Rahmen eines groß angelegten Renovierungskonzepts verschönert wird, bekommt bald noch ein drittes Aushängeschild. Der amerikanische Architekt und Pritzker-Price-Gewinner Thom Wayne wird unter dem Namen *Phare* einen 300 m hohen und 900 Mio. Euro teuren Turm realisieren, die Fertigstellung ist für 2012 geplant. *Mo La Défense, Linie 1, RER A*

38 | 39

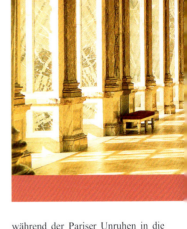

FONTAINEBLEAU [170 B4]

Umgeben vom gleichnamigen Wald, liegt die Stadt (16 000 Ew.) rund 65 km südlich von Paris. Die wichtigste Sehenswürdigkeit, das berühmte *Château (www.musee-chateau-fontainebleau.fr | Mi–Mo 9.30–17, April–Sept. bis 18 Uhr | Eintritt 8 Euro)* mit seinen reich gestalteten Gärten, war zwischen dem 16. und 19. Jh. immer mal wieder Königssitz. Von François I. bis Napoleon III. haben alle Regenten hier ihre Spuren hinterlassen – in Form von Anbauten, Decken, Böden, Möbeln. Fontainebleau wird deswegen auch als das „Haus der Jahrhunderte" bezeichnet. Highlights der Besichtigung sind die königlichen Appartements und der Ballsaal. Auch der Wald ist einen Besuch wert: Seine bizarren Felsformationen ziehen Kletterer aus ganz Europa an.

Insider Tipp

SAINT-DENIS [176 C2]

Der Vorort (90 000 Ew.) rund 11 km nordöstlich von Paris geriet 2005 während der Pariser Unruhen in die Schlagzeilen. In der eigentlich recht hübschen Stadt leben viele Immigranten in Siedlungsgettos, die um die Altstadt herumgebaut wurden. Doch Saint-Denis hat auch eine echte Sehenswürdigkeit: die gleichnamige Basilika, in der 42 französische Könige und 32 Königinnen sowie eine ganze Reihe von Prinzen und Prinzessinnen begraben sind. Die meisten Gräber aus Mittelalter und Renais-

> DER NEUE FAHRRAD-HYPE
Paris stellt sich seinem Verkehrschaos

Staus auf den Boulevards und allen Nebenstraßen: Das ist Alltag in Paris. Doch Bürgermeister Bertrand Delanoë hat genug von diesem Chaos. Seit seinem Amtsantritt kämpft er für eine neue Verkehrspolitik. Das Fahrrad ist eines der Herzstücke seiner Strategie. Fuhren vor dem Juli 2007 nur rund 1,6 Prozent der Pariser mit dem Rad, so sind es heute mehr. Der Grund heißt *Velib* und ist ein öffentliches Leihkonzept für Fahrräder. 20 600 Räder stehen an 1451 über die ganze Stadt verteilten Stationen bereit. Mieten kann man die Räder direkt mit einer Kreditkarte am Leihautomaten. Der Preis: Die erste halbe Stunde ist umsonst, danach kostet die halbe Stunde erst 1 Euro, dann 2 Euro. Ab der dritten halben Stunde beträgt die Leihgebühr 4 Euro. Sightseeingtouren auf dem Rad bietet *Paris à velo c'est sympa* an *(15 Euro pro Tag | www.parisvelosympa.com)*

PARIS

Der Spiegelsaal von Versailles zählt zum Unesco-Weltkulturerbe

sance sind seit der Revolution leer, doch sie bleiben Zeugnisse einer beeindruckenden Grabmalkunst. *1, rue de la Légion d'Honneur | www.tourisme93.com | tgl. April–Sept. 10 bis 18.15, Okt.–März 10–17.15, So ab 12 Uhr*

VAUX-LE-VICOMTE ★ [170 B4]
Die königliche Anmutung täuscht. Das Schloss 64 km südöstlich von Paris *(www.vaux-le-vicomte.com)*, eines der Meisterwerke des 17. Jhs., wurde nicht von einem König, sondern vom adeligen Schatzmeister Ludwigs XIV. erbaut. Nicolas Fouquet beauftragte 1656 die Besten ihres Fachs für sein ehrgeiziges Projekt: den Architekten Louis Le Vau, den Dekorateur Charles Le Brun und den Gartenbaumeister André Le Nôtre. Besonders schön ist die Besichtigung bei Kerzenschein *(Mai–Okt. samstags). Sommer tgl. 10–18 Uhr, sonst siehe Website | Eintritt 14 Euro*

VERSAILLES ★ [176 B4]
Das Schloss 23 km südwestlich von Paris gilt als das schönste der Welt. Das sind große Worte, doch so ganz ist die Einschätzung nicht von der Hand zu weisen. Von 1682 bis zur Revolution 1789 diente es als Regierungssitz und politisches Zentrum Frankreichs. Von Ludwig XIII. als Jagdschloss initiiert, baute Ludwig XIV. es zu seiner heutigen Pracht aus. Ludwig XV. veränderte und ergänzte, Marie Antoinette, Gattin Ludwigs XVI., gab ihm den letzten Schliff. Am 6. Okt. 1789 endete abrupt die Herrschaft in Versailles mit der Flucht der Königsfamilie nach Paris. Highlights der Anlage, für die Sie einen ganzen Tag einplanen sollten, sind die Kapelle, die königlichen Gemächer und der *Spiegelsaal*, der nach mehrjähriger Renovierung wieder geöffnet ist und zum Welterbe der Menschheit zählt. Die Gartenanlage mit den Nebenpalästen *Grand* und *Petit Trianon* sowie Marie Antoinettes Vergnügungsbauernhof *Hameau de la Reine* sind weitere Besichtigungspunkte. | *www.chateauversailles.fr* | *Di–So Nov.–März 9–17.30 Uhr, April–Okt. 9–18.30 Uhr | Eintritt 20 Euro, Wochenende 25 Euro*

> ZWISCHEN NOBLESSE UND NATUR

In Frankreichs Zentrum liegen Schlösser neben Rübenfeldern und schlummern Vulkane neben Weinkellern

> **Das Herzstück des französischen Hexagons bilden vier Regionen, die landschaftlich recht harmonisch sind, in ihrem Wesen jedoch unterschiedlicher kaum sein könnten.**

Am bekanntesten ist wohl Burgund (ausführliche Informationen finden Sie im MARCO POLO Band „Burgund"), verwöhnt vom Tourismus dank seiner Weinberge, Schlösser und den von Kulturdenkmälern nur so strotzenden Städten. Gleich daneben liegt das Centre. Den nüchternen Namen bekam die Region wegen ihrer geografischen Lage, doch glücklich ist kaum jemand über diese Bezeichnung. Diese Region ist in sich sehr gespalten: Entlang der Loire (ausführliche Informationen finden Sie im MARCO POLO Band „Loire-Tal") reihen sich die berühmten Schlösser wie Perlen an einer Kette und ziehen das ganze Jahr Besucher an. Wenige Kilometer wei-

Bild: Château Chambord

DIE MITTE

ter südlich, in die Departements Indre und Cher, kommen nur selten Touristen, abgesehen von Insidern. Sie wissen von der göttlichen Ruhe dieser landwirtschaftlich geprägten, mit saftigen Weideflächen und weichen Hügeln gesegneten Region und kurven mit Begeisterung auf den historischen und romantischen Straßen durch die ehemalige Provinz Berry, deren Hauptstadt Bourges auf alle Fälle einen Besuch wert ist.

Das noch südlicher gelegene Limousin ist die am schwächsten besiedelte Region Frankreichs. Wegen der schlechten wirtschaftlichen Perspektiven kämpft dieser Landstrich seit Jahren gegen die Abwanderung. Auch der Tourismus steckt hier noch in den Kinderschuhen, weil wichtige Sightseeing-Spots fehlen und die schöne Natur allein mit tiefen Wäldern, klaren Seen und schönen Hochebenen noch nicht ausreichend oder

AUTUN

gekonnt genug vermarktet wurde. Etwas einfacher hat es da die benachbarte Auvergne, die mit ihrer spektakulären Vulkanlandschaft am Rand des Zentralmassivs ein beliebtes Ziel von Wanderern ist – und das trotz des sehr häufigen Regenwetters, das die Vulkanhügel sattgrün und fast unwirklich erscheinen lässt.

chen, sind Sie in der südlichen Hälfte von Frankreichs Mitte gut aufgehoben.

AUTUN

[170 C6] **Die kleine Stadt (16 500 Ew.) im Herzen Burgunds und am Rand der tiefen Wälder des Naturparks von Morvan blickt**

Brasserie in Autun: Nach der Besichtigungstour können Sie hier entspannen

Die Auvergner, die deftiges und schweres Essen mit viel geschmolzenem Käse lieben, gelten als etwas langsam. Hier scheint, wie im Limousin und im Süden des Centre, nichts besonders eilig zu sein. Vom Trubel, der die Region der Loireschlösser bestimmt, ist man hier Welten entfernt, von der Emsigkeit der burgundischen Weinbauern auch. Wenn Sie also nach dem Besichtigungsstress entlang der Tour der Schlösser und romanischen Kirchen Erholung su-

auf eine lange Geschichte zurück. Das sieht man: Aus der galloromanischen Zeit stammen das *Amphitheater*, die *Porte Saint-André* und der *Tempel des Janus*. Viel jünger ist die *Cathédrale Saint-Lazare* in der Rue Jeannin. Die Kirche aus dem Mittelalter beeindruckt durch ein reich verziertes Tympanon über der Eingangstür. Unter Fachwerkbalken und Fresken stilecht wohnen können Sie im einstigen *Ursulinenkloster (43 Zi. | 14, rue Rivault | Tel. 03 85 86 58 58 | Fax*

> *www.marcopolo.de/frankreich*

DIE MITTE

03 85 86 23 07 | www.hotelursulines.fr | €€).

AUXERRE

[170 C5] Der Verwaltungssitz (38 000 Ew.) des Departements Yonne liegt am Zusammenfluss des Canal du Nivernais mit dem Fluss Yonne. Aus diesem Grund besitzt die Stadt einen großen Freizeithafen, wo Sie Hausboote mieten können. Wichtigste Sehenswürdigkeit der Stadt ist die gotische *Cathédrale Saint-Etienne,* deren Bau mehrere Jahrhunderte dauerte und durch schöne Kirchenfenster besticht. Dank vieler Sehenswürdigkeiten in der Umgebung und einer belebten Innenstadt eignet sich Auxerre als Ausgangspunkt für Touren. Sehr geschmackvoll eingerichtete Zimmer finden Sie im *Hôtel Normandie (47 Zi. | 41, boulevard Vauban | Tel. 03 86 52 57 80 | Fax 03 86 51 54 33 | www.hotelnormandie.fr | €€).*

■ ZIELE IN DER UMGEBUNG ■
SAINT-FARGEAU [170 B5]

Das imposante Schloss aus rotem Ziegelstein mit seinen mächtigen Türmen und dem schönen Ehrenhof, 45 km westlich von Auxerre, ist heute in Privatbesitz. Die Gemächer sind wieder mit stilechten Antiquitäten möbliert *(www.chateau-de-saint-fargeau.com | tgl. Mitte März bis Miitte Nov. 10–12 und 14–18 Uhr | Eintritt 9 Euro).* Eine wunderschöne Übernachtungsmöglichkeit in einem Herrenhaus mit riesigem Garten finden Sie im ♫ *Les Grands Chênes (11 Zi. | Les Berthes Bailly | Tel. 03 86 74 04 05 | Fax 03 86 74 11 41 | www.hoteldepuisaye.com | €€–€€€).*

SAINT-SAVEUR-EN-PUISAYE [170 B5]

Dieser Ort, 43 km südwestlich von Auxerre, lohnt den Abstecher wegen des *Musée Colette*, das der berühmten französischen Schriftstellerin gewidmet ist. Die unangepasste Vaga-

MARCO POLO HIGHLIGHTS

★ **Hôtel-Dieu**
Das ehemalige Hospiz in Beaune ist reicher an Kunst als manche Museen (Seite 46)

★ **Bourges**
Eine der schönsten Städte der Region (Seite 47)

★ **Chartres**
Die Kathedrale der Stadt wird allen Lobeshymnen gerecht (Seite 48)

★ **Puy de Dôme**
Der schönste Blick über die Vulkanlandschaft der Auvergne (Seite 49)

★ **Chambord**
Für viele Besucher aus aller Welt ist es das prächtigste aller Loireschlösser (Seite 53)

★ **Le-Puy-en-Velay**
Die Kathedrale ist Weltkulturerbe, der Ort spektakulär gelegen (Seite 53)

★ **Azay-le-Rideau**
Das versteckte Juwel unter den Loireschlössern (Seite 55)

★ **Villandry**
Die schönsten französischen Schlossgärten in Burgund (Seite 55)

44 | 45

BEAUNE

bundin wurde hier, mitten im tiefsten Burgund, geboren. Ihr bewegtes Leben und viele private Gegenstände aus ihren zahlreichen Wohnungen haben in diesem modern und liebevoll gestalteten Museum ein neues Zuhause gefunden. *April–Okt. Mi–Mo 10–18, Nov.–März nur an Wochenenden und Feiertagen 14–18 Uhr | Eintritt 4 Euro*

VÉZELAY   [170 C5]

Sanft steigen die Felder hinauf zum berühmten und über 1000 Jahre alten Wallfahrtsort (500 Ew.) rund 50 km südlich von Auxerre. Das Dorf schlängelt sich die ansteigende Straße entlang, und ganz oben thront die wichtigste Sehenswürdigkeit und das Ziel der Pilger, die *Basilique Sainte-Madeleine.* Dort, am Grab der heiligen Magdalena, geschahen im 11. Jh. Wunder, so die Mär. Doch erwiesen sich die als Reliquien verehrten Gebeine der Heiligen später als falsch, deswegen verlor Vézelay nach vielen Jahrhunderten der Blüte seine Bedeu-

tung. Gegen Ende des 19. Jhs. wurden dann „echte" Reliquien eingesetzt, und seitdem ist alles wieder gut: Die Pilger reisen wieder nach Vézelay, das heute zum Weltkulturerbe zählt. Günstig essen können Sie im Restaurant *La Bougainville (26, rue St-Etienne | Tel. 03 86 33 27 57 | Di/Mi geschl. | €).*

BEAUNE

[171 D6] **Denkt man an Beaune, denkt man an bunte Dächer. Die kunstvollen Ziegelarbeiten sind das erste, was in der Stadt in Burgund (22 000 Ew.) auffällt.** Darunter verbergen sich in historischen Gebäuden Weinkeller und jede Menge Kunstschätze. Bestes Beispiel ist das ⭐ *Hôtel-Dieu,* einst ein Hospiz. Sein großer Saal ist 72 m lang und beeindruckt durch wunderschönes Gebälk. Die zweite Attraktion im Hôtel-Dieu ist der mehrteilige Flügelaltar „Das jüngste Gericht" von Rogier van der Weyden. Zusätzlich gibt es hier auch noch 2500 histori-

Eindrucksvoll nicht nur wegen seiner Größe: der Saal im Hôtel-Dieu in Beaune

DIE MITTE

sche Möbel und ebenso viele Kunstschätze zu entdecken (rue de l'Hôtel-Dieu | www.hospices-de-beaune.com | Mitte März–Mitte Nov. 9–18.30, sonst 9–11.30 und 14–17.30 Uhr | Eintritt 6,50 Euro). Sehr hübsch wohnen können Sie im Le Home (20 Zi. | 138, route de Dijon | Tel. 03 80 22 16 43 | Fax 03 80 24 90 74 | www.lehome.fr | €–€€). Wer einen Burgunderwein kaufen möchte, geht in die Boutique des Marché aux Vins (2, rue Nicolas-Rolin | www.marcheauxvins.com). Dieser Laden lohnt den Besuch allein wegen des Gewölbes.

BOURGES

[170 B6] ★ Angeblich hat schon Julius Cäsar die Stadt (100 000 Ew.) als eine der schönsten von ganz Gallien beschrieben. Ausgestattet mit so einem Lob, haben die Einwohner der Präfekturstadt von Cher alles getan, damit das auch so bleibt. Bourges ist eine Kunst- und Geschichtsstadt mit einem weltbekannten Musikfestival im April (www.printemps-bourges.com) und einer ebenso berühmten Kathedrale: Saint-Étienne hat außergewöhnliche Kirchenfenster und kühne Strebebögen. Sehenswert ist auch der Palast des Kaufmanns Jacques Cœur, der später in den Adelsstand erhoben wurde. Sein „Großes Haus" wurde 1450 fertiggestellt und nimmt in der Bauweise die Renaissance vorweg (10 bis, rue Jacques-Cœur | Mai–Aug. 9.30–12 und 14–18, Sept.–April 9.30–12.15 und 14–17.15 Uhr | Eintritt 7 Euro). Ein schöner Spaziergang führt von der Altstadt ins Marais-Viertel, wo zahlreiche Wasserwege 1500 Schrebergärten durchziehen. Auch der Kanal von Berry ist einen Ausflug wert. Hübsche Privatzimmer in einer Villa hat Le Cèdre Bleu (3 Zi. | 14, rue Voltaire | Tel. 02 48 25 07 37 | www.lecedrebleu.fr | €€). Liebhaber rustikalen Ambientes und Grillfleischs sind gut aufgehoben im Le Guillotin, (15, rue Jean-Girard | Tel. 02 48 65 43 66 | So/Mo geschl. | €).

■ ZIEL IN DER UMGEBUNG ■

NOHANT-LE-VIC [170 B6]

Der kleine Ort 76 km südwestlich von Bourges lohnt einen Abstecher wegen der Domaine George Sand (www.monum.fr). *Insider Tipp* In dem Herrenhaus verbrachte die Schriftstellerin (1804–76) die meiste Zeit ihres Lebens. Alles ist so geblieben, wie sie es einst verließ. Im Garten liegt sie begraben. Besichtigung mit Führung tgl. Nov.–März und Okt. 10–12.30 und 13.30–17, April und Sept. 10–12.30 und 14–18, Mai/Juni 9.30–12.15 und 14–18.30, Juli/Aug. 9.30–18.30 Uhr | Eintritt 7 Euro

46 | 47

CHARTRES

CHARTRES

[170 A4] ⭐ **Das wichtigste Gebäude der kleinen Stadt (40 000 Ew.) können Sie nicht verfehlen:** Die Kathedrale Notre-Dame liegt weithin sichtbar auf der Spitze eines Hügels und ist im Vergleich zum Ort fast ein bisschen zu groß geraten. Chartres gilt als Meisterstück der klassischen Gotik. Die Kirche, die auf den Grundmauern eines durch einen Stadtbrand zerstörten Gotteshauses ab 1194 errichtet wurde, ist nie beschädigt worden und besitzt deswegen noch alle 176 Fenster aus dem 12./13. Jh. Weltberühmt ist die Rosette mit ihren in eindringlichen Blautönen gehaltenen Farben. Das dreiteilige Königsportal *(Portail Royal)*, das der romanischen Baukunst zugeschlagen wird, erzählt das Leben des Erlösers mit unzähligen Figuren. Eine gute Alternative für die überteuerten Stadthotels bietet *La Ferme du Château* 6 km im Osten *(3 Zi. | Levesville, Bailleau l'Evêque | Tel. 02 37 22 97 02 | http://mongite.fr/ lafermeLevesville2008920lc0 | €€).*

CHEVERNY

[169 F5] **Seit Jahrhunderten ist das Château der Cheverny, errichtet in den Jahren 1604–34, im Besitz der gleichen Familie.** Verglichen mit anderen Loireschlössern mag es auf den ersten Blick schlicht erscheinen, weil hier im klassizistischen Stil des 17. Jhs. gebaut wurde und nicht im Renaissancestil. Doch die originalgetreue Inneneinrichtung ist beeindruckend. Höhepunkte der Besichtigung sind der Waffensaal, das Königsgemach und der große Salon. Freunde des Comics „Tim und Struppi" werden sich freuen, dass in der Boutique des Schlosses viele Figuren der Serie erhältlich sind und sogar ==Tims Zimmer== Insider Tipp in einem Teil des Schlosses nachgebaut wurde: Eine Folge des Comics spielt im Phantasieschloss Château de Moulinsart, das Cheverny nachempfunden ist. *www.chateau-cheverny.fr | tgl. Nov.–März 9.45–17, April–Juni und Sept. 9.15–18.15, Juli/Aug. 9.15–18.45, Okt. 9,45–17.30 Uhr | Eintritt ab 7,40 Euro*

CLERMONT-FERRAND

[174 B2] **Ein hässlicher Industriegürtel umringt die Hauptstadt (140 000 Ew.) der Auvergne.** Doch lassen Sie sich von ihm nicht abschrecken, denn dahinter versteckt sich eine hübsche kleine Stadt mit verwinkelten Gässchen und einer der schönsten Kirchen der Region.

Auch wenn die Kathedrale *Notre-Dame de l'Assomption* durch ihre Lage auf der Höhe als erstes auffällt, so ist es doch eine andere Kirche, die Sie nicht verpassen dürfen: Die romanische Basilika *Notre-Dame-du-Port* in der gleichnamigen Straße ist ein Juwel. Ihr üppig verzierter Chorbereich ist allerdings bis auf Weiteres wegen Restaurierungsarbeiten geschlossen. Dafür ist die Außenfassade mittlerweile fertig gestellt.

In der Nähe des historischen Zentrums finden Sie das *Hôtel Albert-Élisabeth (38 Zi. | 37, avenue Albert-Élisabeth | Tel. 04 73 92 47 41 | Fax 04 73 90 78 32 | www.hotel-albert elisabeth.com | €).*

> **www.marcopolo.de/frankreich**

DIE MITTE

ZIELE IN DER UMGEBUNG

PUY DE DÔME ⭐ [174 B2]

Der Naturpark der Vulkane, rund 15 km westlich von Clermont-Ferrand, ist eine faszinierende Landschaft aus überwachsenen Vulkanhügeln. Sie schlummern seit Jahrtausenden vor sich hin, sind aber angeblich noch nicht ganz erloschen.

tgl. Mitte März–Juni und Sept.–Mitte Nov. 10–18, Juli 10–19, Aug.10–20 Uhr | Eintritt 21 Euro

VICHY [174 B2]

Über das Heilbad (30 000 Ew. | *www.destinationvichy.com*) am Nordrand der Auvergne 70 km nördlich von Clermont-Ferrand reden die Franzo-

Über 100 ruhende Vukane reihen sich hier aneinander, der Puy de Dôme ist der bekannteste

Die Landschaft, die sich zum Wandern oder Radfahren eignet, hat zwei Vulkan-Highlights zu bieten. Der ❄ Puy de Dôme ist mit 1465 m einer der höchsten Vulkanhügel und bietet ein traumhaftes Panorama. In den Park integriert ist der Freizeitpark *Vulcania*, der mit Filmen und einem Erdbebensimulator über Vulkanismus informiert. *12, route de Mazayes | St-Ours les Roches | www.vulcania.com |*

sen nicht gern. Als Zentrum des Naziregimes unter Marschall Petain schrieb es Geschichte. Heute kehrt die Stadt zu ihrem noblen Ruf aus der Belle-Époque-Zeit zurück. Sehenswert sind die *Wandelhallen*, das *Palais de Congrès* und die *Oper*. Übernachten können Sie im *Arverna Citotel (26 Zi. | 12, rue Desbrest | Tel. 04 70 31 31 19 | Fax 04 70 97 86 43 | www.hotels-vichy.com | €)*.

48 | 49

CLUNY

Elegante Architektur in Dijon

CLUNY

[174 C1] **Die kleine Stadt (4500 Ew.) in Burgund war im Mittelalter ein religiöses Zentrum mit Anhängern und Kirchenfilialen in ganz Europa.** Das Benediktinerkloster galt bis zum Bau der Petruskirche des Vatikans als größter Kirchenbau der Christenheit. Doch heute zeugen von der einstigen Pracht nur noch Ruinen. Die Klosteranlage, in drei Etappen (genannt Cluny I bis III) erbaut und erweitert, wurde erst in der Revolution zerstört und später als Steinbruch genutzt. Was ist heute noch übrig? Von einst fünf Glockentürmen stehen der *Clocher de l'Eau-Bénite* und *Clocher Saint-Marcel* sowie der *Käseturm*, außerdem sind der *Mehlspeicher*, der *Platz* und die Kirche *Notre-Dame* erhalten *(tgl. Sept–April 9.30–12 und 13.30–17, Mai–Aug. 9.30–18.30 Uhr | Eintritt 7 Euro)*. Charmante, am Fluss gelegene Zimmer finden Sie in der Hostellerie d'Héloïse *(13 Zi. | Pont de l'Étang | Tel. 03 85 59 05 65 | Fax 03 85 59 19 43 | www.hostelleriedheloise.com | €)*.

■ ZIEL IN DER UMGEBUNG ■

CORMATIN [174–175 C-D1] *Inside Tipp*

Die Burgundschlösser stehen immer ein bisschen im Schatten der Loireschlösser. Zu Unrecht, denn auch sie haben echte Schmuckstücke zu bieten, wie das *Château de Cormatin*. Das Wasserschloss 13 km nördlich von Cluny hat eine traumhafte, abwechslungsreiche Gartenanlage und reiche Louis-XIII-Ausstattung. Besichtigung der Räume nur im Rahmen einer Führung. *Tgl. April–Mitte Juni und Mitte Sept.–Mitte Nov. 10–12 und 14–17.30, Mitte Juni–Mitte Juli und Mitte Aug.–Mitte Sept.10–12 und 14–18, Mitte Juli–Mitte Aug. 10–18 Uhr | www.chateaudecormatin.com | Eintritt 9 Euro*

DIJON

[171 D6] **Die Hauptstadt von Burgund (230 000 Ew.) ist eine alte Universitätsstadt und war schon immer ein wichtiges Handels- und Verkehrszentrum.** Bekannt ist sie auch für ihren Senf. Leider sind von der berühmten Senfindustrie

> www.marcopolo.de/frankreich

DIE MITTE

nur noch wenige Firmen übrig geblieben. Dass die Stadt einst Sitz der Herzöge von Burgund war, sieht man gleich. Elegante Gebäude aus dem 17./18. Jh. ergänzen die engen, pittoresken Gässchen voller Fachwerkhäuser. Sehenswert ist das *Palais des Ducs et des États de Bourgogne*, in dessen linkem Flügel heute das *Musée des Beaux-Arts* mit einer reichen Sammlung an Gemälden und den Grabmälern von Phillippe dem Kühnen, Johannes dem Furchtlosen und Margarete von Bayern untergebracht ist *(Place de la Libération | tgl. Mi–Mo Mai–Okt. 9.30–18, Nov. bis April 10–17 Uhr | Eintritt frei).* Mitten in der Innenstadt, in der Straße der Antiquitäten, befindet sich das *Hôtel Le Jacquemart (31 Zi. | 32, rue Verrerie | Tel. 03 80 60 09 60 | Fax 03 80 60 09 69 | www.hotel-lejacquemart.fr | €).*

>LOW BUDGET

> - Die *Société Nouvelle des Pastilles de Vichy* bietet eine kostenlose Besichtigungen ihrer Pastillenproduktion an *(94, allée des Ailes | Mo–Sa 9–12 und 14–18 Uhr)*
> - Ein besonderes Spektakel in Bourges sind die kostenlosen *Nuits Lumières*. Die Lichtinszenierung beginnt zur Abenddämmerung, dauert zweieinhalb Stunden. *Mai/Juni und Sept. jeweils Do/Fr/Sa, Juli/Aug. jeden Abend*
> - Limoges: Freier Eintritt im *Musée de l'Évêche* mit Emaillekunstwerken aus dem 12 Jh. bis in unsere Zeit *(Place de la Cathédrale | Mi–Mo 10–12 und 14–17, im Sommer bis 18 Uhr)*

LIMOGES

[174 A2] **Die Stadt (173 000 Ew.) ist weltberühmt dank ihres Porzellans und ihrer Emaille.** Seit dem 18. Jh. wird hier wertvolles Tafelgeschirr hergestellt. Fast die Hälfte des französischen

Hier ist eine ruhige Hand unerlässlich

Porzellans kommt aus Limoges. Wer etwas mit nach Hause nehmen will, sollte eine Tour über den *Boulevard Louis-Blanc* machen. Die älteste Manufaktur, *Royal Limoges*, hat einen Fabrikverkauf *(28, rue Donzelot, Zufahrt über Quai du Port du Naveix | www.royal-limoges.fr | Mo–Sa, Juli–Sept. auch So 10–18.30 Uhr).*

Insider Tipp

NEVERS

[174 B1] **Den schönsten Blick auf die ehemaligen Bischofsstadt (43 000 Ew.) und Präfektur des Departements Nièvre haben Sie von der anderen Seite der Loire aus.** Die hübsche Altstadt thront auf einem Hügel über dem Fluss, schon von Weitem ist die Kathedrale

50 | 51

ORLÉANS

Saint-Cyr-Sainte-Juliette mit ihrem über 50 m hohen Turm zu sehen. An der Kirche wurde jahrhundertelang gebaut. Vor allem Romanik und Gotik haben ihre Spuren hinterlassen. Die bunten Glasfenster sind modern, sie

Westwerk der Kathedrale in Orléans

ersetzten die 1944 zerstörten Fenster. Eine weitere Sehenswürdigkeit ist das *Palais Ducal*. Der Palast aus dem Jahr 1460 war einst die Residenz der Grafen und Herzöge und ist heute ein beliebter Veranstaltungsort. Günstige, angenehme Zimmer bekommen Sie im *Hôtel Beauséjour (16 Zi. | 5 bis, rue St-Gildard | Tel. 03 86 61 20 84 | Fax 03 86 59 15 37 | www.hotelbeausejour-nevers.com | €).*

ORLÉANS

[170 A5] **Die Hauptstadt der Region Centre (250 000 Ew.), Universitätsstadt und Bischofssitz an der Loire, kennt fast jeder dank der Jungfrau von Orléans.** Jeanne d'Arc befreite die Stadt, die im Hundertjährigen Krieg eine der letzten Bastionen gegen die Engländer war; so die Geschichte. Der Jungfrau ist auch ein *Museum* gewidmet *(place de Gaulle | www.jeannedarc.com.fr | Di–So Mai–Okt. 10–12.30 und 13.30 bis 18.30 Uhr, sonst nur nachmittags | Eintritt 2 Euro).* Wer auch ein bisschen Sightseeing machen möchte, dem werden eine hübsche *Altstadt* und eine mächtige Kathedrale geboten. Die *Cathédrale Saint-Croix* wurde über drei Jahrhunderte erbaut und beeindruckt durch schöne Holzvertäfelungen im Chorbereich. Für eine Tour zu den Loireschlössern ist Orléans der perfekte Ausgangspunkt. Eine zentrale, sehr romantisch eingerichtete Unterkunft bietet das *Hôtel de l'Abeille (31 Zi. | 64, rue d'Alsace-Lorraine | Tel. 02 38 63 54 87 | Fax 02 38 62 65 84 | www.hoteldelabeille.com | €€).*

ZIELE IN DER UMGEBUNG
BLOIS [169 E6]
Das Städtchen (50 000 Ew.) rund 60 km südwestlich von Orléans liegt auf mehreren Hügeln an der Loire. Die mächtige Steinbrücke ist ebenso bekannt wie das Schloss. Drei Könige haben hier ihre architektonischen Ideen ausgelebt. Dunkle Gänge und

> *www.marcopolo.de/frankreich*

DIE MITTE

Geschichten rund um den königlichen Auftragsmord am einstigen Besitzer, Henri de Guise, im Jahr 1588 machen Blois zu einem mysteriösen Ort. *Tgl. Jan–März und Nov–Dez. 9–12.30 und 13.30–17.30, Okt. 9–18, April bis Juni und Sept. 9–18.30, Juli/ Aug.9–19 Uhr | Eintritt 8 Euro*

CHAMBORD ★ [170 A5]

Es ist das größte, prächtigste und deshalb berühmteste der Loireschlösser. 440 Räume, 365 Feuerstellen, 84 Treppen, 3000 Kunstobjekte und 25 Jahre Bauzeit stecken in Chambord. Sehr viel Aufwand dafür, dass fast nie jemand hier wohnte. Konzipiert von Franz I. als Prunk- und Jagdschloss im Geist Leonardo da Vincis, ist es umringt von einem Wassergraben und einem riesigen, über 50 km² großen Park, den eine Mauer einsäumt und in dem sich früher der Adel der Jagd hingab. Eines der vielen Highlights des Schlosses ist das doppelläufige Treppenhaus in Wendelform. Es war einst ein beliebter Ort für Versteckspiele von Verliebten, da sie sich sehen, aber nicht fassen konnten. 800 000 Besucher empfängt Chambord jährlich. Zur Erkundung des Parks gibt es sogar einen Fahrradverleih . *| www.chambord.org | tgl. Okt. bis März 9–17.15, April–Mitte Juli und Mitte Aug.–Sept. bis18.15, sonst bis 19.30 Uhr | Eintritt 9,50 Euro | 70 km südwestlich*

Insider Tipp

LE-PUY-EN-VELAY

[174 C3] ★ Der Ort (20 000 Ew.) ist genauso spektakulär wie die ihn umge-

bende Landschaft. Inmitten der bizarren Vulkanhügel der Auvergne liegt die Präfekturstadt des Departements Haute-Loire zwischen einzelnen Vulkanfelsen bzw. -kaminen. Berühmt ist die romanische Kathedrale *Notre-Dame*, die dank ihrer schwarzen Madonna und ihrem Kreuzgang *(tgl. Mitte Mai–Juni und Sept. 9–12 und 14–18.30, Juli/Aug. 9–18.30, sonst 9–12 und 14–17 Uhr)* Le-Puy-en-Velay zu einem beliebten Pilger- und Touristenziel macht. Nicht zu verfehlen ist der Felsen � *Rocher Corneille*, auf dem eine monumentale Madonnenstatue steht. Von dort haben Sie einen guten Blick über die Stadt. Die Statue wurde aus Metall von Kanonen aus dem Krimkrieg gegossen. Ebenso exponiert gelegen ist die Kirche *Saint-Michel-d'Aiguilhe*. Sie thront auf einem Basaltfelsen. Ein bisschen entfernt liegt das bunt eingerichtete � *Hôtel La Val Vert (23 Zi. | 6, avenue Baptiste-Marcet | Tel. 04 71 09 09 30 | Fax 04 71 09 36 49 | www.hotelvalvert.com | €).*

TOURS

[169 E5] **Die Hauptstadt (300 000 Ew.) der Provinz Touraine und einstige Königsstadt Frankreichs (15./16. Jh.) ist noch vor Orléans das wichtigste und größte Zentrum im Tal der Loire.** Viele kennen Tours aus der Sankt-Martins-Legende. Der berühmte Heilige war Bischof der Stadt und starb hier 397 n. Chr. Trotz der langen Geschichte gibt sich Tours heute modern und zukunftsbezogen mit Universität und Hightechfirmen. In der Altstadt jedoch überwiegt die Historie aus Mittelalter und Renaissance. Die

52 | 53

TOURS

Stadt hat einen wertvollen alten Häuserbestand mit fast lückenlosen Fachwerkfronten, hübsche Parkanlagen, ein prachtvolles Flussufer und eine lebendige Innenstadt rund um die *Place Plumerau*, einst Marktplatz und heute Fußgängerzone.

18. Jh., ist heute das *Musée des Beaux-Arts* untergebracht. Neben den ausgestellten Gemälden sind auch die Holzvertäfelungen beachtenswert. *18, place François-Sicard | Mi–Mo 9–12 und 14–18 Uhr | Eintritt 4 Euro*

Ein Bildnis Ludwigs XIV. gibt es auch im Schloss Chenonceau

■ SEHENSWERTES ■

CATHÉDRALE SAINT-GATIEN
Über drei Jahrhunderte dauerte der Bau, der Stilelemente verschiedener Epochen vereint. Besonders interessant sind die Kirchenfenster im Chor und am Eingangsportal. *5, place de la Cathédrale*

PALAIS DES ARCHEVÊQUES
In dem mächtigen Palais der Erzbischöfe, einem Bauwerk aus dem 17./

■ ESSEN & TRINKEN ■

L'ATELIER GOURMAND
Mitten in der Altstadt liegt dieses kleine Restaurant im Stil eines Bistros mit innovativer Küche. *37, rue Étienne-Marcel | Tel. 02 47 38 59 87 | Sa–Mo mittags geschl. | €*

■ ÜBERNACHTEN ■

HÔTEL DES CHÂTEAUX DE LA LOIRE
Einfaches Hotel mit großen Zimmern und nettem Empfang. *30 Zi. | 12, rue Gambetta | Tel. 02 47 05 10 05 | Fax*

> www.marcopolo.de/frankreich

DIE MITTE

02 47 20 20 14 | *www.hoteldescha* *teaux.fr* | €–€€

■ ZIELE IN DER UMGEBUNG ■

AZAY-LE-RIDEAU ★ [169 E5]

Das Schloss rund 28 km südwestlich von Tours mag im Vergleich mit anderen Loireschlössern klein wirken, aber die Harmonie der Proportionen und die schöne Lage inmitten eines tiefen Walds machen es zu einem Juwel. Erbaut als Vergnügungsschloss im 16. Jh. und drei Jahrhunderte später im Stil der Neorenaissance ausgestattet, bezaubert es von innen und außen. *Okt.–März 10 bis 12.30 und 14–17.30, April–Juni und Sept. 9.30–18, Juli/Aug. bis 19 Uhr | Eintritt 8,50 Euro*

CHENONCEAU [169 F5]

Das außergewöhnliche Schloss, das auf den Brückenbögen über dem Fluss Cher gebaut ist, liegt 32 km südöstlich von Tours. Frauen spielten in der Geschichte des Schlosses eine wichtige Rolle: 1513 erbaute Katherine Briçonnet das Château, ihre Nachfolgerin Diane de Poitiers verschönerte es, danach zog Katharina von Medici ein. Madame Dupin schließlich beseitigte die Schäden der Revolution. Sehenswert sind das grüne Kabinett, die große Galerie und die französischen Gärten. *Im Winter tgl. 9.30–17, März–Mai 9–19, Juni und Sept. 9–19.30, Juli/Aug. 9–20, Okt. 9–18 Uhr | www.chenonceau. com | Eintritt 10 Euro*

USSÉ [169 E5]

Das vieltürmige Schloss am Waldrand, 40 km westlich von Tours, erinnert nicht nur an das Märchen von Dornröschen, angeblich soll es den französischen Märchenerzähler Charles Perrault auch genau dazu inspiriert haben. *Mitte Feb.–März und Sept.–Mitte Nov. 10–18, April bis Aug. bis 19 Uhr | | www.chateau dusse.fr | Eintritt 13 Euro*

VALENÇAY [169 F5]

Das mächtige weiße Renaissanceschloss 70 km östlich von Tours mit klassizistischen Stilelementen darf auf der Besichtigungstour der Loireschlösser nicht fehlen. Seine außergewöhnliche L-Form erhielt es durch Anbauten im 17./18. Jh. Mit Möbeln im Empirestil ausgestattet sind das Musik- und das Schlafzimmer des Königs von Spanien. *Tgl. April 10.30–18, Mai und Sept. 10–18, Juni 9.30–18.30, Juli/Aug. 9.30–19, Okt./ Nov. 10.30–17.30 Uhr | www.cha teau-valencay.fr | Eintritt 10 Euro*

VILLANDRY ★ [169 E5]

Dieses 32 km südwestlich von Tours gelegene Loireschloss dürfen Sie nicht verpassen, denn seine französischen Gärten sind einzigartig. Unterteilt in strenge Quadrate auf drei Terrassen, ist es die typische Konzeption einer solchen Anlage. Es gibt einen Wassergarten und zahlreiche Blumengärten, benannt und geformt nach Allegorien. Selbst die Gemüse- und Obstgärten sind fotogen. Das Schloss selbst lohnt auch einen Besuch wegen seines prächtigen Dekors. *Tgl. Feb./März und erste Novemberhälfte 9–16.30 oder 17.30, April bis Juni und Sept.–Okt. 9–18, Juli/Aug. 9–18.30 Uhr | www.chateauvillan dry.com | Eintritt Schloss und Garten 9 Euro*

> LANDSCHAFT UND LANDWIRTSCHAFT

Frankreichs Ecke für Genießer: Wo die Gläser klingen, Glocken läuten und Kühe muhen

> Diese Gegend ist reich an Natur, reich an Kultur und reich an Geschichte: Der Osten Frankreichs besteht aus den Regionen Champagne, Lothringen, Elsass und der Franche-Comté und ist ein landschaftlich sehr reizvolles Gebiet.

Die Gebirgszüge Vogesen und Jura geben der hügeligen Landschaft den letzten Schliff, die weiten landwirtschaftlichen Gemüse- und Weinanbaugebiete der Champagne und die saftigen Weideflächen der Franche-Comté die Farbe. Die Grenznähe zu Luxemburg, Deutschland und der Schweiz sowie die europäische Bedeutung Straßburgs erlauben einen regen, auch kulturellen Austausch mit den Nachbarn. Heute sind die Beziehungen ganz freundschaftlich. Das war nicht immer so: Die deutsch-französischen Kämpfe um Elsass-Lothringen, das über Jahrhunderte hinweg mal dem einen, mal dem anderen Land zugesprochen wurde,

Bild: Café in Straßburg

DER OSTEN

sind nicht vergessen und haben deutlich sichtbar ihre Spuren hinterlassen.

Ausführliche Informationen finden Sie im MARCO POLO Band „Elsass".

BESANÇON

[171 E6] Die Hauptstadt (120 000 Ew.) der Region Franche-Comté wird von einer großen Schleife des Flusses Doubs durchzogen und entfaltet ihren Reiz eigentlich erst auf den zweiten Blick. Wenn man sich vom Fluss her der Altstadt nähert, erstaunt als erstes eine schöne Häuserfront direkt am Quai Vauban, von dem sich kleine Gassen ins Zentrum winden.

■ SEHENSWERTES

PLACE DE LA RÉPUBLIQUE

Das Herz von Besançon schlägt an der Place de la République, wegen des Markts auch *Place du Marché*

BESANÇON

genannt. Hier verläuft auch die von den Römern erbaute *Grande-Rue*, die seit über 2000 Jahren die Hauptschlagader von Besançon ist. Rechts und links von ihr befinden sich die wichtigsten Sehenswürdigkeiten der Stadt: der Triumphbogen *Porte Noire*,

■ ÜBERNACHTEN ■
HÔTEL RÉGINA
Zentrales und ruhig gelegenes Hotel an der Grande-Rue (Nummer 91). *20 Zi. | Tel. 03 81 81 50 22 | Fax 03 81 81 60 20 | www.besancon-regina.fr | €*

Ein Bild wie aus dem Feenreich: Cascades du Hérisson

die Kathedrale *Saint-Jean* mit ihrer aus 3000 Teilen bestehenden astronomischen Uhr, das *Geburtshaus* von Victor Hugo und die Bürgerhäuser *Hôtel Emskerque* und *Palais Granvelle*.

ZITADELLE (CITADELLE)
Einen Ausflug lohnt die Zitadelle, die 118 m über dem Doubs-Tal liegt. Hinter der Kathedrale Saint-Jean führt die *Rue des Fusillés-de-la-Résistance* nach oben. *Mi–Mo Nov. bis März 10–17, April–Juni und Sept. bis Okt. 9–18, Juli/Aug. 9–19 Uhr | www.citadelle.com | Eintritt ab 8,20 Euro*

■ ZIELE IN DER UMGEBUNG ■
ARBOIS [171 D6]
Richtig viel zu sehen gibt es in der kleinen Stadt (4000 Ew.) mitten in der Franche-Comté, knapp 50 km südlich von Besançon, zwar nicht, dafür aber jede Menge zu genießen. Umgeben von Weinbergen, liegt hier eines der Zentren des regionalen Weins *Vin Jaune*, eines herben Tropfens, der den Namen seiner Farbe verdankt. Dem Wein ist auch das *Musée de la Vigne et du Vin* im *Château Pécauld* gewidmet (*Mi–Mo März–Okt. 10–12 und 14–18 Uhr, sonst nur nachmittags | www.chateaupecauld.com | Eintritt 3,50 Euro*). Zusätzlich ist hier

> *www.marcopolo.de/frankreich*

DER OSTEN

einer der besten Pralinenhersteller des Landes zu Hause: *Chocolat Hirsinger (Place de la Liberté).* Und natürlich gibt es viele Restaurants, wie z. B. *La Balance (rue de Courcelles | Tel. 03 84 37 45 00 | So abends und Mo geschl. | €€).*

Insider Tipp

ARC-ET-SENANS [171 D6]

Die königliche Saline in Arc-et-Senans (1500 Ew., 35 km südwestlich von Besançon) wurde erst kürzlich von der Unesco als Weltkulturerbe anerkannt – eine späte Huldigung für das Projekt des genialen Baumeisters Claude Nicolas Ledoux (1736–1806). Der Architekt entwarf einen halbkreisförmigen Plan, innerhalb dessen sich Fabriken, Büros und Wohnhäuser gruppieren *(tgl. Jan.–März, Nov./Dez. 10–12 und 14–17, April–Juni und Sept./Okt. 9–12 und 14–18, Juli/Aug. 9–19 Uhr | www.salineroyale.com | Eintritt 7,50 Euro).* Nahe Übernachtungsmöglichkeiten in romantisch-edlem Ambiente mit einem großen Garten und einem Restaurant der gehobenen Kategorie finden Sie in *Port-Lesney* im *Château de Germig-*

Insider Tipp

ney (22 Zi. | Tel. 03 84 73 85 85 | Fax 03 84 73 88 88 | www.chateaudegermigney.com | €€€).

BAUME-LES-MESSIEURS [171 D6]

Insider Tipp

Der kleine Ort (200 Ew.) etwa 70 km südwestlich von Besançon nahe Lons-le-Saunier gehört zu den schönsten Dörfern Frankreichs. Warum das so ist, wird schon bei der Anfahrt klar: Baume-les-Messieurs liegt in einem spektakulären halbrunden Tal, das der Jura hier mit seinen hoch aufragenden Felsen beschreibt. Der ⭐ *Cirque de Baume*, wie dieses Naturschauspiel heißt, eignet sich wunderbar für eine Wanderung. Aber auch der Ort selbst hat etwas zu bieten: Die romanisch-gotische Klosterkirche besitzt einen schönen Altar, der aus dem 16. Jh. stammt. Übernachten können Sie zum Beispiel in der *Abbaye*, im rustikalen *Gothique Café (Tel. 03 84 44 64 47 | Fax 03 84 44 90 25 | http://chambresdhotesbaume.free.fr | €€).*

CASCADES DU HÉRISSON [171 D6]

Die Wasserfälle 25 km südöstlich von Baume-les-Messieurs nahe einer ein-

MARCO POLO HIGHLIGHTS

⭐ **Cirque de Baume**
Der Jura zeigt sich in der Umgebung von Baume-les-Messieurs von seiner schönsten Seite (Seite 59)

⭐ **Ronchamp**
Le Corbusiers Kirche ist ein einzigartig meditativer Ort (Seite 60)

⭐ **Colmar**
Eine perfekte Kulisse für einen Historienfilm (Seite 60)

⭐ **Cathédrale St-Etienne**
Ein Kirchenbau voller Anmut und Schönheit mit Fenstern von Marc Chagall in Metz (Seite 62)

⭐ **Place Stanislas**
Einer der schönsten Plätze Frankreichs befindet sich in Nancy (Seite 63)

⭐ **Strasbourg**
Eine Stadt, vollgepackt mit Highlights (Seite 65)

COLMAR

drucksvollen Seenlandschaft sind die schönsten des Juragebirges.

ORNANS   [171 E6]

Das nur 25 km südlich von Besançon gelegene Städtchen (4000 Ew.) hat eine sehr hübsche Altstadt mit alten Fachwerkhäusern, die sich eng aneinandergelehnt an den Fluss schmiegen. Ornans ist die Geburtsstadt des Malers Gustave Courbet (1819–77) und hat ihm ein *Museum (www.museecourbet.com)* mit einer beeindruckenden Sammlung seiner Werke gewidmet. Es wird zurzeit restauriert, das Atelier des Malers *(Rue de Lattre de Tassigny)* ist jedoch geöffnet.

RONCHAMP ⭐   [171 E5]

Man muss einen großen Umweg in Kauf nehmen, um Le Corbusiers schönste Kirche zu sehen. Der Ort

Schmuckes Zentrum: Altstadt von Colmar

knapp 100 km nordöstlich von Besançon selbst (3000 Ew.) lohnt keinen Stopp, und doch pilgern jedes Jahr Scharen von Menschen hinauf zu der weißen Wallfahrtskirche *Notre-Dame-du-Haut.* Oben auf einen grünen Hügel thront das wagemutige Gotteshaus aus Beton von 1955 und schlägt die Besucher mit seiner Reinheit und der Weichheit der Formen sowie dem schlichten Innern in seinen Bann. *Tgl. Okt.–März 10–16, April bis Sept. 9.30–18.30 Uhr*

COLMAR

[171 F5] ⭐ **An der Präfekturstadt (65 000 Ew.) des Departements Haut-Rhin scheint die Zeit spurlos vorübergegangen zu sein.** Die bestens hergerichtete Altstadt mit ihren Fachwerkhäusern aus dem Mittelalter und der Renaissance würde sich perfekt als Kulisse für einen Historienfilm eignen und spiegelt in ihrer Architektur die wechselvolle deutsch-französische Geschichte des Orts wieder.

◼ SEHENSWERTES ◼

ALTSTADT

Das historische Zentrum von Colmar erkunden Sie am besten über einen Rundgang, den Sie zum Beispiel an der *Place du 2 Février* beginnen können. Dort stehen das Alte Hospiz, die evangelische Kirche *Saint-Matthieu* sowie das Renaissancehaus *Maison des Arcades.* Überqueren Sie die *Grand' Rue* und gehen via *Rue Morel* zur *Place de la Cathédrale Saint-Martin* und weiter zur *Place des Martyrs.* Von dort geht es zum Kopfhaus *(Maison des Têtes)*, das unschwer an seinen 100 Köpfen an der

DER OSTEN

Beton in Vollendung: die Wallfahrtskirche von Le Corbusier in Ronchamp

Fassade zu erkennen ist, und weiter über die *Rue des Boulangers* zur *Rue des Marchands*. Hier befindet sich das schönste Haus Colmars, die mit Lüftelmalerei verzierte *Maison Pfister* aus dem Jahr 1537, und die *Maison Schongauer*. Der Rundgang endet an der *Place de l'Ancienne-Douane*, wo das alte *Zollhaus* von 1480 mit seinen bemalten Ziegeln und der *Schwendibrunnen* stehen.

MUSÉE D'UNTERLINDEN

Untergebracht in einem alten Konvent aus dem 13. Jh. mit einem sehr schönen Kreuzgang, ist das Museum ein Schmuckstück, das Schätze wie den wahrscheinlich zwischen 1512 und 1516 entstandenen berühmten Isenheimer Altar von Matthias Grünewald (etwa 1480–1528) zeigt. *1, rue d'Unterlinden | www.musee-unterlinden.com | Mai–Okt. tgl. 9–18, Nov.–April Mi–Mo 9–12 und 14–17 Uhr | Eintritt 7 Euro*

PETITE VENISE

Der Vergleich mit Venedig hinkt natürlich, aber das hübsche Viertel rund um das Flüsschen Lauch mit seinen mit Blumen geschmückten Holzhäuschen ist ein Ort für Romantiker. In dem Viertel waren früher die Färber und Fischer angesiedelt. Highlight ist das *Quartier de la Krutenau* mit seinen Gemüsegärten.

■ ESSEN & TRINKEN
WINSTUB BRENNER

Speisen direkt am Ufer der Lauch: Winstub Brenner ist ein Restaurant mit typisch elsässischer Küche. *1, rue Turenne | Tel. 03 89 41 42 33 | Di/Mi geschl. | €€*

■ ÜBERNACHTEN
HÔTEL TURENNE

In der Nähe von Klein-Venedig, Petite-Venise, liegt dieses rustikal und romantisch eingerichtete Hotel. *83 Zi. | 10, route de Bâle | Tel.*

03 89 21 58 58 | Fax 03 89 41 27 64 | www.turenne.com | €€

ZIELE IN DER UMGEBUNG

MASSIF DES VOSGES [171 F5]

Ein Wander- und Wintersportparadies sind die Vogesen, rund 63 km westlich von Colmar. Die *Route des Passes Ballons d'Alsace* ist der älteste Wanderweg des Massivs. Er wurde unter Ludwig XV. angelegt. Ausgangspunkt ist *Saint-Maurice-sur-Moselle* mit einem schönen Blick über das Moseltal (Infos unter *www.smiba.fr*). Übernachten können Sie im Hotel *La Chalet du Lac* in *Gérardmer (11 Zi. | 97, chemin de la droite du Lac | Tel. 03 29 63 38 76 | Fax 03 29 60 91 63 | €€)*.

MULHOUSE [171 F5]

Die rund 43 km südlich von Colmar gelegene Stadt (240 000 Ew.) ist nach Straßburg die größte im Elsass und gilt als das industrielle Zentrum der Region. Mulhouse hat sich seinen schönen Altstadtkern erhalten. Sehenswert: das Renaissance-Rathaus an der *Place de le Réunion* und das *Musée National de l'Automobil/Collection Schlumpf* mit seinen Edelkarossen *(tgl. 10–17 Uhr | 129, avenue de Colmar | www.collection-schlumpf.com | Eintritt 10,50 Euro)*.

>LOW BUDGET

- *Zukunft Saar-Moselle Avenir:* Das Touristenticket ermöglicht Ermäßigungen in über 140 Stätten und Museen. Informationen unter *www.saarmoselle.org* oder in Deutschland unter *Tel. 0681/ 50 66 162*
- In den Städten Metz, Mulhouse, Nancy und Sarreguemines bieten Hoteliers Sondertarife mit Ermäßigungen für Kulturevents an *(www.bon-week-end-en-villes.com)*.

METZ

[171 E3] **Stadt der Gärten und der Lichter nennt man die lothringische Hauptstadt (200 000 Ew.) an der Mündung der Seille in die Mosel.** Die Bezeichnung bezieht sich auf die vielen Spots, mit denen bei Einbruch der Nacht die Sehenswürdigkeiten beleuchtet werden. In den Monumenten spiegelt sich die Geschichte wider, die mit den Römern beginnt. Im Mittelalter spielte die Stadt eine große Rolle, lebte den Klassizismus aus, erhielt durch preußische Bürgerhäuser eine deutsche Variante und erfährt mit einer Filiale des *Centre Pompidou* eine moderne Erweiterung *(www.centrepompidou-metz.fr)*.

SEHENSWERTES

CATHÉDRALE ST-ETIENNE ★

Absolutes und unangefochtenes Highlight ist die alles überragende Kathedrale mit ihrem fast 42 m hohen Innenraum. Die Glasfenster der reich verzierten Fassaden bilden ein umwerfendes Ensemble und haben mit den 1963 eingesetzten Fenstern von Marc Chagall im linken Querschiff eine würdige Ergänzung erhalten.

ÜBERNACHTEN

HÔTEL DE LA CATHÉDRALE

Hier können Sie romantisch unter Fachwerkgiebeln schlafen. *20 Zi. |*

DER OSTEN

25, place de la Chambre | Tel. 03 87 75 00 02 | Fax 03 87 75 40 75 | www.hotelcathedrale-metz.fr | €€

AM ABEND
VILLA ROUGE
Wer einmal richtig abtanzen möchte, sollte in die *Villa Rouge* gehen. *39, rue de Pont à Mousson* | *www.villa rouge.fr* | *So–Do geschl.*

ZIEL IN DER UMGEBUNG
SCHLACHTFELDER VON VERDUN [171 D3]
Traurige Zeugnisse des „Großen Kriegs", wie die Franzosen den Ersten Weltkrieg nennen, sind das Thema in Verdun (20 000 Ew.), 50 km westlich von Metz. In der Stadt erinnert ein *Monument des Siegs* an die Jahre 1914–18. Die Schlachtfelder liegen rund 10 km nordöstlich der Stadt. Dort befinden sich das mächtige *Fort de Douaumont* und das Beinhaus *Ossuaire* mit seinen Grabmälern aus Granit. Rund 800 000 Franzosen und Deutsche ließen hier in den Jahren 1916 und 1917 während der furchtbaren Schlachten ihr Leben. *Mi–Di März, Okt. und Nov. 9–12 und 14 bis 17.30, Sept. bis 18, April–Aug. 9–18, Dez. und Feb. 14–17 Uhr* | *www.verdun-douaumont.com*

NANCY
[171 E4] **Die Präfekturstadt (100 000 Ew.) des Departements Meurthe-et-Moselle und ehemalige Hauptstadt des Herzogtums Lothringen verdankt ihr prachtvolles Aussehen ihrer tragischen Historie.** Aufgrund eines Großbrands und mehrmaliger Zerstörungen wurde sie mehr oder minder im 18. Jh. völlig neu aufgebaut.

SEHENSWERTES
MUSÉE DE L'ÉCOLE DE NANCY
Ein Muss für Fans der Bewegung *Art nouveau*: In diesem Museum können Sie einige mit Möbeln dieses Stils perfekt eingerichtete Räume entde-

Place Stanislas in Nancy

cken. *36–38, rue Sergent Blandan* | *Mi–So 10–18 Uhr* | *Eintritt 6 Euro*

PLACE STANISLAS ★
Der frisch renovierte Platz ist das absolute Highlight von Nancy. Benannt ist er nach dem Polen Stanislas Leszcynski, einem abgesetzten polnischen König, der von Ludwig XV. zum Herzog von Lothringen ernannt wurde. Stanislas nutzte seine Reich-

62 | 63

REIMS

tümer vor allem dazu, Nancy zu verschönern, und dieser Platz ist sein Meisterstück. Die Leichtigkeit und Eleganz der ihn umgebenden vergoldeten Eisengitter sind weltberühmt.

■ ESSEN & TRINKEN
LES PISSENLITS
Einfaches Bistro in Marktnähe: entspannte Atmosphäre, gute regionale Küche. *25 bis, rue des Ponts | Tel. 03 83 37 43 97 | So/Mo geschl. | €€*

■ ÜBERNACHTEN
HÔTEL DE GUISE 🔊
Wenige Meter von der Place Stanislas entferntes, charmantes Hotel mit stilvoller Inneneinrichtung aus Antiquitäten. *48 Zi. | 18, rue de Guise | Tel. 03 83 32 24 68 | Fax 03 83 35 75 63 | www.hoteldeguise.com | €€– €€€*

REIMS

[170 C3] **Gotik trifft Champagner – so könnte man in Kürze das Flair der Stadt (220 000 Ew.) beschreiben.** Reims ist Sitz des Erzbischofs, Universitätsstadt und Heimat der berühmtesten Champagnerhäuser der Welt.

■ SEHENSWERTES
CATHÉDRALE NOTRE-DAME
Wichtigste Sehenswürdigkeit im Zentrum der ehemaligen Krönungsstadt und eine der größten Kathedralen der Welt. Sie ist Weltkulturerbe und einzigartig in ihrer reichen Ausstattung an Steinarbeiten, Skulpturen und Glasfenstern. Insbesondere die Reliefs an der Westfassade sind eindrucksvoll. 1211 wurde der erste Stein gelegt, 1285 war der Bau fertig. Viele französische Könige wurden hier gekrönt. Den schönsten Blick auf das imposante Gotteshaus haben Sie vom ❀ *Cours Anatole-France.*

PALAI TAU
Hier befinden sich die Kirchenschätze. *2, place du Cardinal Luçon | Mi–Mo Mai–Aug. 9.30–18.30, sonst 9.30–12.30 und 14–17.30 Uhr | Eintritt 7 Euro*

In Reims bekommen Sie natürlich Champagner, aber andere Getränke gibt es auch

DER OSTEN

WEINKELLER

Die tiefen Keller der großen Champagnerhäuser, z. B. *Veuve Cliquot*, *Pommery* oder *Taittinger*, stehen zur Besichtigung offen. Informationen erhalten Sie direkt auf den Websites der Champagnerhäuser oder beim Fremdenverkehrsamt von Reims *(2, rue Guillaume de Machault | Tel. 03 26 77 45 00)*.

ESSEN & TRINKEN

LES CRAYÈRES

Hotel der gehobeneren Art in einem Schloss mit angeschlossenem Feinschmeckerrestaurant in luxuriösem Ambiente. *64, boulevard Henry Vasnier | Tel. 03 26 82 80 80 | www.lescrayeres.com | Mo/Di geschl. | €€€*

ÜBERNACHTEN

HÔTEL DE LA CATHÉDRALE

Günstig und zentral, sehr gemütlich eingerichtet. *17 Zi. | rue Libergier | Tel. 03 26 47 28 46 | www.hotel-cathedrale-reims.fr | €*

ZIELE IN DER UMGEBUNG

CHÂLONS-EN-CHAMPAGNE [170 C3]

In der Champagnerstadt (60 000 Ew.) rund 50 km südöstlich von Reims ist vor allem die Kathedrale *Saint-Etienne* sehenswert. Hier fanden zwei wichtige Hochzeiten statt: Philipp von Orléans vermählte sich mit Prinzessin Palatine und der Dauphin von Frankreich mit Marie-Christine von Bayern. Beachtung verdienen die Fenster der Kathedrale aus dem 12. bis 16. Jh. Gut essen können Sie in der *Auberge du Cloître (9, place Notre-Dame-en-Vaux | Tel. 03 26 65 68 98 | Mo abends und Di geschl. | €)*.

TROYES [170 C4]

Der Verwaltungssitz (130 000 Ew.) des Departements Aube, 125 km südlich von Reims, ist eine charmante Stadt, reich an Kirchen mit schönen Glasfenstern (z. B. *Cathédrale Saint-Pierre-et-Saint-Paul*), Museen und Bürgerhäusern. Weinkenner kommen auf ihre Kosten im Bistro *Aux Crieurs de Vin (4–6, place Jean-Jaurès | Tel. 03 25 40 01 01 | €)*.

STRASBOURG

[171 F4] ★ **Die Hauptstadt (260 000 Ew.) des Elsass hat viel zu bieten, keine Frage. Hier sitzen das Europaparlament und der Europarat.** Die Stadt schafft den Spagat zwischen anheimelnder Altstadt mit niedlichen Fachwerkhäusern, europäischer Grandezza und Modernität. Als eine der ersten Städte in Frankreich hat Straßburg eine moderne Trambahn eingeführt, in den Außenbezirken sind moderne Wohnviertel entstanden.

64 | 65

STRASBOURG

■ SEHENSWERTES

CATHÉDRALE NOTRE-DAME
Das Straßburger Münster ist einer der größten Sandsteinbauten der Welt und vereint in meisterlicher Weise die Stile Romanik und Gotik. Die berühmte, mit Figuren geschmückte Westfassade ist gotisch, der Nordturm wurde 1439 fertig gestellt, der Südturm aber nie gebaut. Die asymmetrische Fassade ist das Wahrzeichen des Elsass und weithin sichtbar. Ein besonderes Augenmerk verdienen die Fensterrosette und die astronomische Uhr mit Erd- und Mondbahn. Am Kathedralenplatz steht auch die *Maison Kammerzell*, eines der spektakulärsten Fachwerkhäuser der Stadt.

LA PETITE FRANCE
Das frühere Viertel der Gerber, Fischer und Müller entlang des Flusses Ill lohnt sich, um die mittelalterlichen Hausfassaden zu erkunden. Zu den schönsten Straßen des Stadtteils gehören die *Rue des Dentelles* und die *Rue du Bain-aux-Plantes*.

MUSÉE D'ART MODERNE ET CONTEMPORAIN
Einen architektonischen Kontrast zur Altstadt bietet das Museum moderner Kunst, das u. a. Werke von Hans Arp, Serge Poliakoff und Wassilij Kandinsky ausstellt. *Di, Mi und Fr 12–19, Do 12–21, Sa/So 12–18 Uhr | 1, place Hans Jean Arp | www.musees-strasbourg.org | Eintritt 6 Euro*

■ ESSEN & TRINKEN

L'ATABLE 77
Die perfekte Alternative zur *Winstub*: modern gestaltetes Restaurant in der Altstadt mit Nouvelle Cuisine. *77, Grand' Rue | Tel. 03 88 32 23 37 | www.latable77.com | So/Mo geschl. | €€€*

CAVEAU GURTLERHOFT
Ein wunderbares Kellerrestaurant mit einem Säulengewölbe und traditio-

> BÜCHER & FILME
Frankreich in Wort und Bild

- > Zusammen ist man weniger allein – Lesen oder sehen Sie zur allgemeinen Einstimmung auf das französische Lebensgefühl den 2007 verfilmten Bestseller von Anna Gavalda.
- > Die Marseille-Trilogie – Für den Stopp in Marseille sind die Krimis von Jean-Claude Izzo unerlässlich.
- > Das Teufelsmoor – Die Liebesgeschichte von George Sand (1807–76) spielt in ihrer Heimat Nohant und ist eines ihrer berühmtesten Werke.
- > Und Gott schuf Paris – Kritisches, aber auch amüsantes Buch über Paris und die Pariser aus Sicht eines Deutschen. Von Ulrich Wickert
- > Bienvenue chez les Ch'tis – amüsante Komödie über den missachteten Norden Frankreichs, die Region rund um Lille
- > Ein Mann und eine Frau – Ein Nouvelle-Vague-Klassiker, der in Deauville spielt; von Claude Lelouch mit Anouk Aimée und Jean-Louis Trintignant.

DER OSTEN

neller Küche. *13, place de la Cathédrale | Tel. 03 88 75 00 75 | www.gurtlerhoft.com | €€*

■ ÜBERNACHTEN ■

HÔTEL BEAUCOUR
Mitten im Zentrum: ein sehr charmantes Hotel in mehreren alten Gebäuden. *49 Zi. | 5, rue des Bouchers | Tel. 03 88 76 72 00 | Fax 03 88 76 72 60 | www.maison-kammerzell.com | €€€*

HÔTEL SUISSE
Hotel mit sehr hübschen Zimmern mitten in der Altstadt mit Blick auf das Straßburger Münster. *25 Zi. | 2–4, rue de la Râpe | Tel. 03 88 35 22 11 | Fax 03 88 25 74 23 | www.hotel-suisse.com | €€*

■ AM ABEND ■

Das Nachtleben in Straßburg konzentriert sich auf die *Place du Marché Gayot* und in den Vierteln *Krutenau* und *Finkwiller*. Große Diskotheken gibt es in den Vororten, wie zum Beispiel das *Le Chalet (376, route de la Wantzenau | www.strasbourg-by-night.com)*.

Insider Tipp
LE RAFIOT ▶▶
Trinken, Loungen und Tanzen auf einem echten *Peniche*, einem Hausboot, mit Blick auf die Altstadt – das hat was. Junges Szenepublikum trifft sich hier zu Themenabenden. *Quai des Pêcheurs | www.rafiot.net*

■ AUSKUNFT ■

OFFICE DE TOURISME
17, place de la Cathédrale | Tel. 03 88 52 28 28 | Fax 03 88 52 28 29 | www.ot-strasbourg.com

Cathédrale Notre-Dame in Straßburg

■ ZIEL IN DER UMGEBUNG ■

HAUT-KŒNIGSBOURG [171 F4]
Die Burg 51 km südlich von Straßburg diente schon als Filmkulisse. Erbaut von den Hohenstaufern im 12. Jh., kam sie 1899 in den Besitz von Wilhelm II., der sie restaurieren ließ. *Tgl. Nov.–Feb. 9.30–12 und 13–16.30, März und Okt. 9.30–17, April, Mai und Sept. 9.15–17.15, Juni–Aug. 9.15–18 Uhr | www.haut-koenigsbourg.fr | Eintritt 7,50 Euro*

66 | 67

> DIE GEHEIMEN NORDLICHTER

Viele Geheimtipps zwischen Belgien und dem Ärmelkanal – Frankreichs cooler und kühler Nordzipfel

> Schlechtes Wetter, hohe Industrialisierung – der Norden hat gegen Vorurteile anzukämpfen. Dabei ist die Gegend, die aus den Regionen Picardie, Nord-Pas-de-Calais und der Haute-Normandie besteht, sehr wohl eine Reise wert.

Dank der Lage zwischen Belgien und England ist der Norden Frankreichs schon immer sehr offen gewesen. Das hat sich bis in unsere Tage erhalten. In Städten wie Lille oder Calais herrscht – oftmals mehr als im Süden – ein wahrhaft europäischer Geist in der Kultur wie in der Bevölkerung.

Vom länderübergreifenden Austausch und dem mit dem Handel verbundenen einstigen Reichtum der Bürger zeugen noch heute viele Sehenswürdigkeiten. Frankreichs Norden wartet mit schönen Städten, majestätischen Kathedralen und Abteien auf. Die weitläufige Picardie besticht mit ihren schönen Waldgebieten und endlosen Rote-Bete- und

Bild: Normandie, Küste bei Étretat

DER NORDEN

Getreidefeldern. Der hohe Norden rund um Calais ist dem Fischfang gewidmet und die Haute-Normandie der Erholung. Ihre traumhafte Steilküste mit spektakulären Kreidefelsen und mondänen Badeorten, die mit viel Liebe hergerichtet sind, locken nicht nur die nahen Pariser an. Die Seebäder mit ihren weiten, oft kilometerlangen, feinen Sandstränden verdienen nicht nur im Sommer einen Besuch, sondern sind auch eine schöne Winterdestination. Ausführliche Informationen zu dieser Region finden Sie im MARCO POLO Band „Normandie".

AMIENS

[170 B2] Die Hauptstadt der Region Picardie (160 000 Ew.) wurde im Zweiten Weltkrieg schwer zerstört. Das Stadtbild ist heute stark vom Wiederaufbau der 1950er-Jahre geprägt.

CHANTILLY

Chantilly gehört zu den wichtigsten Trainingszentren für Vollblutpferde weltweit

■ SEHENSWERTES
CATHÉDRALE NOTRE-DAME ★
Amiens besitzt eine der schönsten Kathedralen der französischen Hochgotik, die heute zum Unesco-Kulturerbe zählt und einst Vorbild für den Kölner Dom war. Der Bau begann 1220 und wurde bereits 1269 beendet, aber es sollte bis ins 15. Jh. dauern, bis die Türme ihre Krone bekamen. Drei reich verzierte Portale bilden die Fassade. Das Kirchenschiff zählt mit über 40 m Höhe zu den höchsten in Frankreich.

SAINT-LEU
Nicht weit von der Kirche entfernt lädt das mittelalterliche Viertel Saint-Leu zu einem Rundgang und einem Ausflug in die von der Textilherstellung geprägte Historie der Stadt ein. Hier wurden früher die Stoffe, vor allem der Samt, produziert und gefärbt. Heute ist das einstige Arme-Leute-Viertel recht angesagt und eine gefragte Wohngegend, vor allem rund um den *Quai Bélu*.

■ ESSEN & TRINKEN
LE T'CHIOT ZINC
Inside Tipp

Traditionelle Gerichte im charmanten Rahmen einer alten Konditorei bekommen Sie in diesem Bistro. *18, rue de Noyon | Tel. 03 22 91 43 79 | Mo mittags und So geschl. | €€*

■ ÜBERNACHTEN
HÔTEL LE SAINT-LOUIS
Sehr liebevoll eingerichtete Zimmer. *15 Zi. | 24, rue des Otages | Tel. 03 22 91 76 03 | Fax 03 22 92 78 75 | www.le-saintlouis.com | €*

CHANTILLY
[170 B3] ★ Die Stadt (12 000 Ew.) rund 52 km nördlich von Paris ist in vielerlei Hinsicht berühmt. Nach ihr wurde in

> *www.marcopolo.de/frankreich*

DER NORDEN

Frankreich die Schlagsahne benannt, hier wurde der James-Bond-Film „Im Angesicht des Todes" gedreht, und das Schloss wie auch seine Pferdeturniere sind weltberühmt. Das von einem tiefen Wald umgebene, aus mehreren Gebäuden bestehende Château wurde im 16. Jh. von Anne de Montmorency erbaut und in den folgenden Jahrhunderten immer mehr erweitert und verschönert. Sehenswert sind das Kabinett der Bücher, die Appartements, der Salon der Affen und auch der Park *(Besichtigung Mi–Mo April–Okt. 10–18, Nov. bis März 10.30–17 Uhr | www.chateaudechantilly.com | Eintritt 11 Euro).*

In den ehemaligen Stallungen des Schlosses befindet sich das *Pferdemuseum,* in dem auch lebende Ponys und Pferde zu sehen sind *(Mi–Mo 14–17 Uhr, Teile des Museum sind 2011 wegen Renovierung geschlossen).* Dank des sandigen Bodens gehört Chantilly zu den größten und wichtigsten Trainingszentren weltweit für Vollblüter. Über 2500 Pferde werden hier täglich trainiert, noch immer finden wichtige Rennen statt.

COMPIÈGNE

[170 B3] In der nordfranzösischen Stadt (70 000 Ew.) 84 km nördlich von Paris erholten sich einst die Könige. 1738 erbaute Ludwig XV. das Schloss. Eindrucksvoll sind die Appartements mit ihrer üppigen Dekoration. *(Mi–Mo 10–18 Uhr | Eintritt 6,50 Euro).* Später wurde der Ort zum Schauplatz mehrerer Waffenstillstände zwischen Frankreich und Deutschland. Auf einer Wiese im berühmten Wald ist noch heute der Salonwagen des Marschalls Ferdinand Foch zu besichtigen, in dem am 11. November 1918 der Erste Weltkrieg sein Ende nahm *(Mi–Mo 9–12 und 14–18 Uhr | Eintritt 4 Euro).*

ÉTRETAT

[169 E2] Seine schneeweißen Felsen machten den kleinen Badeort (1600 Ew.), einst ein einfaches Fischerdorf, berühmt.

■ SEHENSWERTES
FALAISE D'AVAL ★

Die bizarr geformten Kreideklippen, allen voran Aval (mit dem natürlich

MARCO POLO HIGHLIGHTS

★ **Cathédrale Notre-Dame**
Historie und Schönheit der Kathedrale von Amiens sind einzigartig (Seite 70)

★ **Chantilly**
Ein Höhepunkt nicht nur für Pferdefreunde (Seite 70)

★ **Falaise d'Aval**
Dieser Felsen bei Étretat ist ein Naturschauspiel (Seite 71)

★ **Lille**
Viel Kunst und Architektur hoch im Norden (Seite 73)

★ **Rouen**
Stadt und Kathedrale als Gesamtkunstwerk (Seite 75)

★ **Giverny**
Reine Romantik in Claude Monets letztem Zuhause (Seite 77)

ÉTRETAT

geformten Bogen) und Amont, ziehen seit Jahrhunderten Maler und Schriftsteller in ihren Bann. Beide Felsen kann man besteigen. Auf Amont haben Sie von der ☼ Kapelle der Seeleute aus einen schönen Blick auf das Städtchen und die Küste.

■ ESSEN & TRINKEN
L'HUÎTRIÈRE
Frisches direkt aus dem Meer erhalten Sie in diesem Restaurant. *Rue de Traz-Perier | Tel. 02 35 27 02 82 | www.lhuitriere.com | tgl. | €€*

■ ÜBERNACHTEN
LA RESIDENCE
Insider Tipp
Eher einfach, aber durchaus nett kommen Sie in diesem kleinen Hotel unter, dessen Räumlichkeiten in einem Herrensitz aus dem 14. Jh. liegen. *15 Zi. | 4, boulevard René-Coty | Tel. 02 35 27 02 87 | www.hotels-etretat.com | € – €€€*

■ ZIELE IN DER UMGEBUNG ■
FÉCAMP [169 E2]
Die Bade- und Hafenstadt (20 000 Ew.) 20 km nordöstlich von Étretat ist vielen durch ihren Benediktinerlikör bekannt. Fécamp ist eng mit dem Meer verbunden: Seit der Renaissance wird hier Kabeljau gefangen. Inzwischen liegen im Hafen jedoch mehr Yachten als Fischkutter. Sehr einfach, aber günstig wohnen Sie im Hotel *Normandy (33 Zi. | 4, avenue Gambetta | Tel. 02 35 29 55 11 | Fax 02 35 27 48 74 | www.normandyfecamp.com | € – €€)*.

LE HAVRE [169 E2]
Insider Tipp
In der größten Stadt (190 000 Ew.) der Haute-Normandie, 30 km südlich von Étretat, gibt es nichts zu sehen? Das stimmte bis zum Jahr 2006. Doch da verlieh die Unesco der Stadt das Gütesiegel „Welterbe der Menschheit". Geschützt ist seither die Innenstadt voller Betonbauten

Schöne Häuser en masse: Lille ist eine Reise wert

DER NORDEN

von Auguste Perret. Sein Stil: uniforme Basismodule. Diese brachten der Stadt einst den Spitznamen „Stalingrad am Meer" ein. Doch die Unesco meint: „Perrets Bauten sind eine der signifikantesten urbanen Rekonstruktionen des 20. Jahrhunderts."

LILLE

[170 B1] ⭐ **Die Hauptstadt des französischen Flanderns (500 000 Ew.) nahe der belgischen Grenze gibt sich als europäische Stadt.** Und das nicht erst seit 2004, als Lille europäische Kulturhauptstadt war. Die lebenslustigen Liller Bürger sind sehr offen und sehen es als ganz normal an, für ein Wochenende oder z. B. für einen Opernabend die Grenzen nach Belgien oder Luxemburg zu überschreiten. Die Stadt selbst ist – trotz ihres industriellen Backgrounds – ein kleines Schmuckstück, für das Sie mehr als einen Tag einplanen sollten.

■ SEHENSWERTES ■

ANCIENNE BOURSE (ALTE BÖRSE)
24 Mansardenhäuser umgeben die rechteckige *Grand' Place*, an der früher gehandelt wurde. Erbaut 1653 auf Drängen der Handelsleute, sollte die Börse mit denen anderer Städte konkurrieren. Die Holzschnitzereien an den Fassaden sind beeindruckend.

PALAIS DES BEAUX-ARTS
Das Museum ist bekannt für seine guten Wechselausstellungen und seine Kunstschätze aus Mittelalter und Renaissance. Sammlung von Keramiken, Skulpturengalerie, Gemäldesammlung mit vielen flämischen

Meistern. *place de la République | www.pba-lille.fr | Mo 14–17, Mi–So 10–18 Uhr | Eintritt 6 Euro*

PLACE RIHOUR
Der Platz mit seinem gleichnamigen Palais ist ein Meisterwerk der Gotik. Erbaut zwischen 1454 und 1473 für Philipp den Guten, beherbergt der Palast heute das Fremdenverkehrsamt. Die Fassade ist reich an Fensterdekorationen.

RUE DE LA MONNAIE
In der Münzstraße ist ein Haus schöner als das andere. Die Giebeldekorationen verraten, wer einst hier wohnte: Ein Mörser bei Nummer 3 lässt auf einen Apotheker schließen, Getreideähren auf einen Bäcker. Ein Highlight ist das *Hospice Comtesse (Mo 14–18, Mi–So 10–12.30 und 14–18 Uhr | Eintritt 3 Euro)*, das von Jeanne de Konstantinopel, der Comtesse von Flandern, 1237 erbaut wurde. Leider brannte das Haus 1469 nieder. Was Sie heute sehen, stammt aus dem 17./18. Jh.

■ ESSEN & TRINKEN ■

LA TÊTE DE L'ART
Wie der Name schon sagt: Hier wird Essen zur Kunst erhoben. In stilvollem Rahmen genießen hier die Einheimischen die zahlreichen Menüs. *10, rue de l'Arc | Tel. 03 20 54 68 89 | www.latetedelart-lille.com | Mo/Di abends geschl. | €€*

PÂTISSERIE MEERT

Insider Tipp

Die orientalisch verschnörkelte Art-nouveau-Außenfassade ist umwerfend, die Vanillewaffeln auch. Léopold I. war den Waffeln so verfallen,

72 | 73

LILLE

dass er Meert 1864 zum Hoflieferanten ernannte. *27, rue Esquermoise*

■ ÜBERNACHTEN
LA VIENNALE
Kitsch trifft Moderne trifft alte Villa: ein Herrenhaus aus dem 18. Jh., geräumige Zimmer mit Blick auf einen hübschen Innenhofgarten. *12 Zi. | 31, rue Jacques-Rousseau | Tel. 03 20 51 08 02 | Fax 03 20 42 17 23 | http://laviennale.free.fr | €€*

■ AUSKUNFT
OFFICE DE TOURISME
Palais Rihour, place Rihour | Tel. 03 59 57 94 00 | Fax 03 59 57 94 14 | www.lilletourism.com

■ ZIELE IN DER UMGEBUNG
ARRAS [170 B2]
Fast schon theatralisch wirkt die Hauptstadt des Artois 40 km südlich von Lille (43 000 Ew.) mit ihren zwei großen Plätzen, der *Grand' Place* und der *Place des Héros* (Heldenplatz). Beide sind Zeugnisse des

flämischen Barockstils und existieren seit dem 11. Jh. Das älteste Haus ist das *Hôtel des Trois Luppars* aus dem 15. Jh., in dem man sogar übernachten kann (*Ostel les 3 Luppars | 42 Zi. | 49, Grande Place | Tel. 03 21 60 02 03 | Fax 03 21 24 24 80 | www.ostel-les-3luppars.com | €€*). Berühmt ist Arras auch für seinen Karneval im März und die Genussfreude seiner Einwohner. Traditionelle *andouillettes*, Würste aus Innereien, bekommen Sie im *La Table de Sabine* (*16, rue de la Justice | Tel. 03 21 15 61 10 | So/Mo geschl. | €€*).

LA PISCINE IN ROUBAIX [170 B1] *Inside Tip*
Der Industrievorort war und ist ein Textilzentrum. Muster, Stoffe und alles was die reiche Textilhistorie der Stadt und der Region ausmacht, können Sie heute in einem ehemaligen Art-nouveau-Schwimmbad bewundern. Das architektonische Schmuckstück zählt zu den bizarrsten und schönsten Museen in Frankreichs Norden. *Di–Do 11–18, Fr bis 20, Sa/*

> LOW BUDGET

> Die Fremdenverkehrsbehörde Amiens bietet von April bis Oktober in Zusammenarbeit mit der ansässigen Hotellerie einen günstigen Entdeckerpass mit zahlreichen Ermäßigungen (*www.amiens.com*).

> Lille Metropole City Pass: Mit diesem Pass haben Sie freie Fahrt im öffentlichen Verkehrsnetz von Lille und Umgebung plus Eintritt in 25 Sehenswürdigkeiten. Verkauf im Fremdenverkehrsamt oder online (*www.cdt-nord.fr*)

Flamboyant in reiner Ausprägung: Kathedrale Notre-Dame in Rouen

So 13–18 Uhr | 23, rue de l'Espérance | www.roubaix-lapiscine.com | Eintritt 4,50 Euro

ROUEN

[169 F2] ⭐ **Die Hauptstadt der Haute-Normandie (400 000 Ew.) wurde von Victor Hugo als die „Stadt mit den 100 Glockentürmen" bezeichnet und ging in die Geschichte ein, weil hier 1431 Jeanne d'Arc hingerichtet wurde.** Doch gegründet wurde Rouen schon viel früher: Die Römer profitierten von der Flusslage an den Ausläufern einer Meeresmündung und legten die Grundsteine der hübschen Stadt, die mit ihren engen Gässchen, hübschen Häusern und einer prächtigen Kathedrale überzeugt.

■ SEHENSWERTES

AÎTRE ST-MACLOU
Diese gotische Kirchenkonstruktion aus dem 15. Jh. hat eine schöne Orgel und Holzvertäfelungen aus der Renaissance zu bieten. Highlights sind das zentrale Portal sowie das angrenzende Beinhaus, eines der letzten Zeugnisse der Schrecken der Pest. *Rue Martainville*

CATHÉDRALE NOTRE-DAME
Vier Jahrhunderte lang bauten die Bürger von Rouen an der Kirche, die im Zweiten Weltkrieg schwer beschädigt wurde. Besonders schön sind die Westfassade im Flamboyantstil und die Seitenportale: das *Portail de la Calende*, ein Meisterwerk des 14. Jhs., und das *Portail des Libraires*. Im Chorbereich der Kirche befindet sich das Grabmal von Richard Löwenherz.

MUSÉE DES BEAUX ARTS
Der Parcours dieses schönen Museums orientiert sich an der Entwicklung der Kunst von der primitiven Malerei bis ins 20. Jh. Zu sehen sind u. a. Werke von Michelangelo da Caravaggio, Peter Paul Rubens, Jean-Auguste-Dominique Ingres, Auguste Renoir und Amedeo Modiglia-

ROUEN

ni. *Mi–Mo 10–18 Uhr | esplanade Marcel Duchamps | www.rouen-musees.com | Eintritt 3 Euro*

MUSÉE LE SECQ DES TOURNELLES
(Insider Tipp)

Der Ort ist außergewöhnlich: Das Museum ist in einer Kirche untergebracht und zeigt eine der bedeutendsten europäischen Sammlungen an Schmiedekunst. *Mi–Mo 10–13 und 14–18 Uhr | rue Jacques-Villon | Eintritt 2,30 Euro*

PLACE DU VIEUX-MARCHÉ

Das Viertel rund um den alten Marktplatz besitzt viele historische Fachwerkhäuser. Hier wurde Jeanne d'Arc 1431 lebendig verbrannt; ein Kreuz erinnert an die Hinrichtung. Eine Kirche trägt ihren Namen.

■ ESSEN & TRINKEN
GILL

Edel und modern eingerichtetes Feinschmeckerrestaurant des mit zwei Michelinsternen ausgezeichneten Küchenchefs Gilles Tournadre. *8/9, quai de la Bourse | Tel. 02 35 71 16 14 | www.gill.fr | So/Mo geschl. | €€€*

PASCALINE

Bistro in der Nähe des Justizpalasts mit gemütlicher Dekoration und attraktiven Menüs. Reservierung wird empfohlen. *5, rue de la Poterne | Tel. 02 35 89 67 44 | www.pascaline.fr | tgl. | €*

■ ÜBERNACHTEN
HÔTEL ANDERSEN 🔊
(Insider Tipp)

Süßes Hotel in einem alten Haus, zentral und mit heimeliger Atmosphäre. *15 Zi. | 4, rue Pouchet | Tel. 02 35 71 88 51 | Fax 02 35 07 54 65 | www.hotelandersen.com | €–€€*

■ AUSKUNFT
OFFICE DE TOURISME

25, place de la Cathédrale | Tel. 02 32 08 32 40 | Fax 02 32 08 32 44 | www.rouentourisme.com

Giverny: In diesem Garten schuf Claude Monet seine berühmten Seerosenbilder

DER NORDEN

■ ZIELE IN DER UMGEBUNG ■

DIEPPE [170 A2]

Die Hafenstadt 50 km nördlich von Rouen (35 000 Ew.) war einst mondäner Badeort. Heute ist der Glanz ein bisschen abgeblättert, doch noch immer ist der Ort an der Alabasterküste ein beliebtes Ausflugsziel. Der Hafen mit seinen alten Fischereivierteln gilt als einer der außergewöhnlichsten der normannischen Küste. Es lohnt sich, zum Schloss hinaufzusteigen, wo Schiffsmodelle und eine Sammlung von religiösen und profanen Elfenbeinfiguren zu sehen sind *(Mi–Mo 10–12 und 14–17 Uhr | rue de Chastes)*. Panoramablicke aus den Zimmern aufs Meer genießen Sie in dem relativ modernen ☀ Hotel *Europe (60 Zi. | 63, boulevard du Verdun | Tel. 02 32 90 19 19 | Fax 02 32 90 19 00 | www.hoteldieppe. com | €€€)*.

GIVERNY ⭐ [169 F3]

Der Ort (520 Ew.) etwa 70 km südöstlich von Rouen ist eine Pilgerstätte für Fans von Claude Monet, der hier von 1883 bis zu seinem Tod 1926 lebte. Im romantischen Garten seines Hauses entstanden die berühmten Seerosenbilder, die heute in der Orangerie in Paris hängen. *April–Okt. Di–So 9.30–18 Uhr | www.fondation-monet.com | Eintritt 6 Euro*

LE TOUQUET-PARIS-PLAGE

[170 A1] **Der Name, der aus dem 19. Jh. stammt, lässt schon darauf schließen, dass dieser Badeort (5300 Ew.) am Ärmel-**kanal gern von Parisern besucht wird. Doch noch vor denen schätzen die Engländer das Seebad mit dem Strand, der bei Niedrigwasser bis zu 1 km breit ist, und dem Pinienwald, in dem sich Villen mit einfallsreichen Außendekorationen aneinanderreihen. Le Touquet, wie man heute kürzer sagt, ist ein gepflegter Ferienort mit einer Strandpromenade, vielen Restaurants und Hotels. Sein außergewöhnlicher, 12 km langer Strand eignet sich ideal fürs ▶▶ Strandsurfen *(Centre de Char à voile | boulevard Pouget | Tel. 03 21 05 33 51)*. Das schönste und schickste Hotel ist das *Westminster (115 Zi. | 5, avenue du Verger | Tel. 03 21 05 48 48 | Fax 03 21 05 45 45 | €€€)*.

■ ZIELE IN DER UMGEBUNG ■

BOULOGNE-SUR-MER [170 A1]

Die Hafenstadt (100 000 Ew.) 40 km nördlich von Le Touquet lebt mit und vom Meer. Sie ist das größte europäische Handelszentrum für Meeresprodukte. Nicht verpassen sollten Sie hier das *Nausicaa*, ein Meereserlebnismuseum mit 36 großen Aquarien und über 10 000 Meerestieren *(Feb. bis Juni und Sept.–Dez. 9.30–18.30, Juli/Aug. bis 19.30 Uhr | 16 bis, boulevard Ste-Beuve | www.nausi caa.fr | Eintritt ab 17,40 Euro)*.

CAPS GRIS-NEZ UND BLANC-NEZ ☀ [170 B4]

Die beiden Felsen rund 60 km nördlich von Le Touquet erlauben wunderbare Blicke über die Küste und nach England. Der Felsen von Cap Blanc-Nez fällt 134 m steil ab. Die Gegend ist berühmt für schöne Küstenwanderungen.

76 | 77

> MAL WILD, MAL MONDÄN

Schroffe Küsten, weite Strände, geheimnisvolle Mythen und uralte Königsgeschichten

> Der Westen Frankreichs, bestehend aus den Regionen Basse-Normandie, Pays de la Loire, Poitou-Charentes und Bretagne, ist durchzogen von Legenden.

Hier lebten die Wikinger, hier sollen König Artus und der Zauberer Merlin durch die Wälder von Huelgoat gestreift sein, hier steht der mysteriöse Klosterberg Mont-Saint-Michel und hier brechen sich die Wellen an der bretonischen „Küste der Legenden", im Norden des Finistère. Die äußerste Spitze ist eine wilde Gegend, über die oft eisiger Wind und regennasse Stürme fegen. Viel einnehmender sind da im Süden der Golf von Morbihan mit seinen Inseln und die in der Nordbretagne gelegene Côte d'Armor mit ihren kupferroten Granitfelsen, den weißen Strandbuchten, violetten Heidekrautlandschaften und dem smaragdgrünen Meer an der Côte d'Émeraude. Noch weiter nördlich, schon in der Normandie, schließen

Bild: Bretagne, Côte de Granit Rose

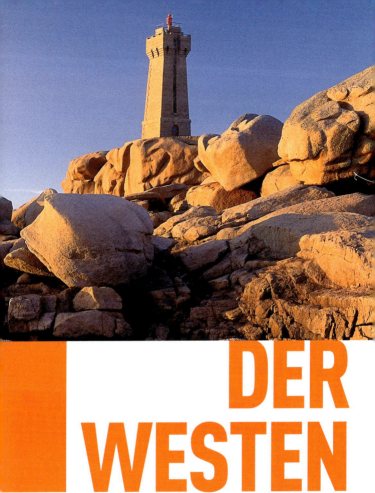

DER WESTEN

sich endlos lange Strände mit mondänen Seebädern wie Cabourg und Deauville an.

Das von der Normandie im Norden und der Bretagne im Westen umschlossene Pays de la Loire und das im Süden gelegene Poitou-Charentes sind im Gegensatz zu diesen geschichtlich gewachsenen Gegenden von der Verwaltung willkürlich geschaffen. Viele Teile dieser beiden Landstriche gehörten historisch zu anderen Regionen. So war ursprünglich das Küstenstück des Pays de la Loire Teil der Bretagne. Auch landschaftlich haben das fruchtbare Loiretal und das Departement Vienne mit seinen Äckern und Wäldern wenig gemein mit der Küstenregion. Durch diese willkürliche Grenzziehung haben die Bewohner nie wirklich eine eigene Identität entwickeln können.

Nähere Informationen zu diesen Regionen finden Sie in den MARCO

ANGERS

POLO Bänden „Bretagne", „Normandie" und „Französische Atlantikküste".

ANGERS

[169 D5] Von der einstigen Bedeutung als Hauptstadt der Grafschaft Anjou zeugt noch heute das glanzvolle Aussehen der Stadt (140 000 Ew.) an der Maine.

zählt. *2, promenade du Bout-du-Monde | http://angers.monuments-nationaux.fr | tgl. Mai–Aug. 9.30 bis 18.30, Sept.–April 10–17.30 Uhr | Eintritt 8 Euro*

■ ESSEN & TRINKEN
LA FERME
Wer die regionale Küche probieren möchte, kehrt ins rustikale Bistro La

Der Wandteppich der Apokalypse ist ein Wunderwerk der Webtechnik

■ SEHENSWERTES
CHÂTEAU
Die Festung mit ihren dicken Mauern aus Schiefer und 17 Türmen spiegelt sich pittoresk im Fluss. Erbaut im 13. Jh., ist sie ein Meisterstück der mittelalterlichen Architektur. Höhepunkt der Besichtigung ist der über 100 m lange Wandteppich *Tenture de l'Apocalypse*, der zu den ältesten der Welt

Ferme ein. *2, place Freppel | Tel. 02 41 87 09 90 | So abends und Mi geschl. | €€*

■ ÜBERNACHTEN
HÔTEL DU MAIL
Charmantes Hotel in einem alten Herrenhaus, nur wenige Meter vom Zentrum entfernt und mit einem Schuss Modernität. *26 Zi. | 8, rue*

> *www.marcopolo.de/frankreich*

DER WESTEN

des Ursules | Tel. 02 41 25 05 25 | Fax 02 41 86 91 20 | *www.hotel-du-mail. com* | € €€

■ ZIELE IN DER UMGEBUNG ■

SAUMUR   [169 E5]

Die Stadt (30 000 Ew.) am Unterlauf der Loire, rund 67 km östlich von Angers, war einst geistiges Zentrum der Hugenotten und ist heute für seinen Schaumwein *Saumur Mousseux* bekannt. Das Schloss mit seiner Befestigungsanlage in Sternenform beherbergt ein Museum für angewandte Kunst und ein Pferdemuseum. *Di–So April–Juni und Sept. 10–13 und 14–17.30, Juli/Aug. 10 bis 18 Uhr | Eintritt 3 Euro | www. saumur-tourisme.net*

SERRANT   [169 D5]

Rund 20 km westlich von Angers liegt das Château de Serrant. Das Renaissance-Anwesen mit Wassergräben, Ehrenhof, Balustraden und Pavillons beeindruckt durch architek-tonische Harmonie. *März–Mitte Mai Mi–Mo, Nov. Mi–So 9.45–12 und 14 bis 17.15, Mitte Mai–Sept. tgl. 9.45 bis 17.45 Uhr | Eintritt 9,50 Euro | www.chateau-serrant.net*

ANGOULÊME

[172 C2]   Dass in Angoulême (43 200 Ew.) ein wichtiges Comicfestival (im Januar, *www.bdangouleme.com*) **stattfindet, sieht man gleich.** Die Stadt ist voller comicartiger Mauerfresken, selbst die Straßenschilder sehen aus wie Sprechblasen. Doch nicht das allein macht Angoulême zu einem Sightseeing-Spot. Sehenswert ist auch die *Ville Haute*, die über den Schutz-wällen gelegene Altstadt mit ihrer Kathedrale St-Pierre. Und natürlich gibt es auch ein Comicmuseum: *Centre National de la Bande Dessinée et de l'Image (121, rue de Bordeaux | www.cnbdi.fr | Di–Fr 10–18, Sa/So 14–18, Juli/Aug. bis 19 Uhr | Eintritt 4 Euro).*

MARCO POLO HIGHLIGHTS

★ **Presqu'île de Crozon**
Die schönste Halbinsel des Finistère (Seite 82)

★ **Wandteppich von Bayeux**
Der älteste Comic der Welt, amüsant und eindrucksvoll (Seite 84)

★ **Planches**
Nirgendwo im Westen ist es mondäner: die Promenade von Deauville (Seite 85)

★ **Honfleur**
Die Stadt hat sich ihren normannischen Charme erhalten (Seite 85)

★ **Mont-Saint-Michel**
Der Klosterberg ist Mythos und Kult in einem (Seite 86)

★ **Nantes**
Die ehemalige Herzogsstadt hat viele schöne Ecken (Seite 86)

★ **Côte d'Émeraude**
Die Smaragdküste trägt ihren Namen zu Recht (Seite 91)

★ **Carnac**
Tausende Menhire sind Zeugen uralter Kulturen (Seite 93)

BREST

BREST

[168 A4] Die Reederei- und Universitäts-Stadt (220 000 Ew.) ist als wichtiger Fährhafen bekannt. Stark zerstört im Zweiten Weltkrieg, wurde die Stadt sehr schnell wieder aufgebaut. Davon zeugt die geometrische Anordnung der Straßen. Auch wenn es wenig zu sehen gibt, so ist Brest ein idealer Ausgangspunkt für Ausflüge in die schöne Küstenregion.

■ SEHENSWERTES
OCÉANOPOLIS
Neben dem *Cours Dajot* mit dem Blick über die Reede ist nur das Meeresmuseum Océanopolis mit 10 000 Meerestieren aus allen Ozeanen sehenswert. *Mitte Jan.–April und Mitte Sept.–Dez. Di–So 10–18, Mai, Juni, und Anf.–Mitte Sept. tgl. 9–18, Juli/Aug. tgl. 9–19 Uhr | Eintritt 16,20 Euro | Port de Plaisance du Moulin Blanc | www.oceanopolis.com*

■ ESSEN & TRINKEN ÜBERNACHTEN

Insider Tipp
HOSTELLERIE DE LA POINTE SAINT-MATHIEU
Ebenso modern wie geschmackvoll gestaltete Übernachtungsmöglichkeit mit Schwimmbad, 25 km westlich von Brest. *25 Zi. | Tel. 02 98 89 00 19 | Fax 02 98 89 15 68 | www.pointe-saint-mathieu.com | €€–€€€*

■ ZIELE IN DER UMGEBUNG

Insider Tipp
POINTE DU RAZ [168 A4]
Das felsige Kap, rund 100 km südlich von Brest, gehört zur Gemeinde Plogoff und ist mit 72 m Höhe eine der höchsten Klippen der bretonischen Küste. Da der Touristenansturm zu viele Naturschäden anrichtete, ist heute keine direkte Anfahrt mehr möglich. Ein Shuttle bringt Besucher vom Parkplatz zum Naturschauspiel mit tollem Panoramablick zur Île de Sein. | *www.pointeduraz.com*

PRESQU'ÎLE DE CROZON ★ [168 A4]
Von Brest aus geht es einmal um die Küste herum, um auf die 160 km entfernte Halbinsel Crozon zu kommen. Sie gilt als die schönste der bretonischen Küstenvorsprünge, auch wegen ihrer Bergspitze von 70 m Höhe und ihres unvergleichlichen Panoramas vom schroffen Kap *Pointe de Penhir*. Von Felsformationen umrahmte Sandstrände laden zum Baden ein, die Heidefelder mit Ginster und Geißblatt zum Wandern entlang der Klippen. Die ganze Halbinsel von Crozon steht unter Naturschutz. Zimmer mit bunten Wänden und reichlich Dekoration finden Sie im

DER WESTEN

Hôtel de la Presqu´Île (12 Zi. | Place de l'Eglise | Tel. 02 98 27 29 29 | Fax 02 98 26 11 97 | www.mutingourmand.fr | €–€€).

QUIMPER [168 B4]

Die hübsche Hauptstadt (68 000 Ew.) des Departements Finistère liegt 70 km südlich von Brest am Zusammenfluss von Frout, Steir und Odet und ist vor allem wegen ihrer langen Fayencetraditon bekannt. Typische bretonische Keramiken erhalten Sie bei *A. Breton & Fils (16 bis, rue du Parc | www.bretagne-faience.com).*

CAEN

[169 D-E3] **Die Hauptstadt (200 000 Ew.) der Basse-Normandie hat unter den Bombardements der Alliierten im Zweiten Weltkrieg stark gelitten.** Wie in deutschen zerstörten Städten findet man deshalb einen Mix aus alten, wunderschönen Häusern und 1960er-Jahre-Bausünden. Die Einwohner pflegen mit Liebe das, was übrig ist. Die Universität der Stadt gewinnt zunehmend an Bedeutung, in der Umgebung lassen sich mehr und mehr Kernforschungsfirmen nieder. Historisch bedeutend ist Caen vor allem dank Wilhelm dem Eroberer. Seine Zitadelle von 1060, von der nur noch die Außenmauern stehen, überragt die Stadt und soll in den kommenden Jahren teilweise rekonstruiert werden. Ein echtes Schmuckstück liegt etwas entfernt, die *Abbaye-aux-Hommes.* Auch sie wurde vom großen Feldherrn und König gegründet und im 13. Jh. im gotischen Stil fertig gestellt. Beachtung verdienen vor allem der französische Garten und der Konvent mit seinen Holzvertäfelungen *(Besichtigung nachmittags mit ehrenamtlichen Führern | http://abbaye-aux-hommes.cef.fr).*

Nicht verpassen sollten Sie das *Mémorial* , ein wenig von der Altstadt entfernt. Gewidmet dem Frieden und in Andenken an die Schrecken des

Insider Tipp

Lebewesen aus allen Weltmeeren können Sie im Océanopolis in Brest betrachten

82 | 83

CAEN

Kriegs, ist hier ein wirklich gutes und modernes Museum gelungen *(Esplanade Eisenhower | tgl. 9–19 Uhr | www.memorial-caen.fr | Eintritt ab 16,50 Euro)*. Eine einfache Unterkunft am früheren Hafen bietet das 🛏 *Hôtel du Havre (19 Zi. | 11, rue du Havre | Tel. 02 31 86 19 80 | Fax 02 31 38 87 67 | www.hotelduhavre.com | €–€€)*.

▪ ZIELE IN DER UMGEBUNG ▪

BAYEUX [169 D3]

Altes Schulwissen aus Geschichts- und Englischstunden wird in der sympathischen normannischen Stadt etwa 30 km nordwestlich von Caen (15 000 Ew.) mit ihren kleinen, gepflasterten Gässchen rund um die Kathedrale Notre-Dame lebendig. Der wichtigste Kunstschatz des Orts ist der 1000 Jahre alte ★ *Wandteppich von Bayeux*, auf dem auf 70 m Länge die Geschichte von Wilhelm dem Eroberer und seinem Feldzug gegen England im Jahr 1066 erzählt wird. Der Teppich, genannt auch *Tapis de la Reine Mathilde*, zeigt 58 detailreiche Szenen, die im Audioguide auf amüsante Weise erläutert werden. *(Centre Guillaume le Conquérant | tgl. Mitte März–Mitte Nov. 9–18.30, Mai–Aug. bis 19, Mitte Nov.–Mitte März 9.30–12.30 und 14–18 Uhr | Eintritt 7,80 Euro | rue de Nesmond | www.tapisserie-bayeux.fr)*.

Nett und zentral speisen können Sie im *Le Bistro de Paris (place St-Patrice | Tel. 02 31 92 00 82 | So/Mo geschl. | €€)*.

CABOURG [169 E3]

Das 33 km nordöstlich von Caen gelegene, noch heute mondäne Seebad (3000 Ew.) ist quasi der Hausstrand der Bürger von Caen. Wer es sich leisten kann, nennt hier eine der traumhaft schönen Belle-Époque-Villen sein Eigen. Im schönsten Palais des ganzen Orts können Sie übernachten: Das 🛏 *Grand Hôtel (70 Zi. | Les Jardins du Casino | Tel.*

>LOW BUDGET

> - In den Städten Nantes und Rennes bieten Hoteliers Sondertarife mit Ermäßigungen für Kulturevents an: www.bon-week-end-en-villes.com.
> - Dinan: Auf öffentlichen Parkplätzen ist immer die erste Viertelstunde umsonst.
> - *Pass Sensation:* Dieses Ticketheft ermöglicht Familien mit Kindern in der Bretagne Ermäßigungen bei Wassersportaktivitäten. Bestellung des Ticketheftes unter www.pointplage.fr
> - *Rennes Metropole City Pass:* Viele Ermäßigungen auf Transport und Museen für 13 Euro. Erhältlich im Fremdenverkehrsamt *(11, rue St-Yves | Tel. 02 99 67 11 11)*

DER WESTEN

Cabourg: Zu einem mondänen Seebad gehört natürlich ein gepflegter Strand

02 31 91 01 79 | Fax 02 31 24 03 20 | www.mercure.com | €€€) liegt direkt am Meer.

DEAUVILLE [169 E3]

Dieser Badeort (4400 Ew.) ist reiner Luxus. Straßen und Häuser sind so sauber und perfekt hergerichtet, dass man den Geldadel, der hier lebt, gleich auf den ersten Blick erahnen kann. Deauville ist fast ein bisschen zu mondän mit seinen Polo- und Golfturnieren, den Galaabenden im Kasino, den Dior- und Chanel-Shops und seinem berühmten Pferderennen. Doch auf den ★ ☼ *Planches*, der unvergleichlich schönen Strandpromenade, rückt das alles in die Ferne. Hier zählt nur noch der Blick auf den Traumstrand und das Meer. Wer sich eine Nacht in dem Luxusort gönnen will, kommt im *Hôtel Le Chantilly (15 Zi. | 120, avenue de la République | Tel. 02 31 88 79 75 | Fax 02 31 88 41 29 | €€)* relativ günstig unter. Zum Essen können Sie bei *Les Alizés* einkehren und kreolisch-normannische Gerichte genießen *(70, rue Gambetta | Tel. 02 31 88 30 75 | Di/Mi geschl. | €€)*.

PLAGES DU DÉBARQUEMENT [169 D3] Insider Tipp

Die Namen Omaha-, Gold-, Juno- und Sword-Beach gingen in die Geschichte ein. Hier landeten am 5. und 6. Juni 1944, dem D-Day, die Alliierten. Von Caen aus nimmt man die D 515 in nordöstlicher Richtung nach Colleville-Montgomery und fährt von dort auf der D 514 die einzelnen Strände entlang. Infotafeln und ein paar übrig gebliebene Panzer zeugen von den Tagen der Befreiung.

HONFLEUR ★ [169 E2-3]

Ganz anders als Deauville gibt sich das 15 km östlich gelegene Honfleur eher traditionell. Die kleine Stadt (8100 Ew.) an der Meeresmündung besticht durch ihre reizenden Gässchen und hübschen Bürgerhäuser im Viertel *Ste-Cathérine*. Samstagmorgens ist lebendiges Treiben am Blumenmarkt an der *Place Arthur-Boudin*. Das *Vieux Bassin*, ein Minihafen, der auf Anordnung Colberts angelegt wurde, wird am *Quai Saint-Étienne* von Villen gesäumt. Liebevoll eingerichtete Zimmer finden Sie im *Hôtel du Dauphin (34 Zi. | 10, place Pierre-Berthelot | Tel.*

MONT-SAINT-MICHEL

02 31 89 15 53 | Fax 02 31 89 92 06 |
www.hoteldudauphin.com | €€€).

MONT-SAINT-MICHEL

[169 D4] ⭐ **Der Klosterfelsen auf der Granitinsel mitten im Wattenmeer am südlichen Ende der Normandie fasziniert seine Besucher seit Jahrhunderten.** Die Schönheit der Architektur und der Natur sowie die geheimnisvollen Gründungsgeschichten rund um das Erscheinen des Erzengels Michael machen Mont-Saint-Michel (70 Ew.) zu einer Kultstätte. Rund 100 km Küste umgeben die Bucht. Den <mark>schönsten Blick</mark> auf den Klosterberg, in dem heute wieder Mönche wohnen und der abendlich mit Lichtern in Szene gesetzt wird, haben Sie von ☀ Granville aus. Die Wurzeln des Klosters gehen auf das 8. Jh. zurück, die Gässchen bzw. die *Grande Rue*, die zur Abbaye hinaufführt, stammen jedoch aus dem 15./16. Jh. und sind gesäumt von Andenkenläden und Restaurants. Das Kloster selbst besteht aus einem Garten, der Kirche, einem Kreuzgang, einem Refektorium und den Gästesälen. *La Merveille* nennt man den gotischen Gebäudeteil an der Nordseite, der den Charakter einer Festung hat. *Tgl. Mai–Aug. 9–19, sonst 9.30–18 Uhr | Eintritt 8,50 Euro | http://mont-saint-michel.monuments-nationaux.fr*

Insider Tipp

NANTES

[169 D5] ⭐ **Die historische Hauptstadt der Herzöge der Bretagne, heutiger Präfektursitz des Departements Loire-Atlan-** tique und sechstgrößte Stadt Frankreichs **(550 000 Ew.), liegt am Zusammenfluss von Sèvre, Erdre und Loire.** Bekannt für die hübsche Architektur, Festivals, angenehme Lebensart und gute Luft erfreut sich Nantes eines regen Zustroms neuer Bürger. Nach dem Niedergang der Werftindustrie erlebte die Stadt in den 1980er-Jahren eine Krise mit hoher Arbeitslosigkeit. Heute arbeiten viele Bürger am 50 km entfernten Port von Saint-Nazaire, Frankreichs viertgrößtem Hafen mit einer Werft für Kreuzfahrtschiffe. Mit dem Anschluss an das TGV-Netz wurde außerdem ein Teil der Verwaltung von Paris ins nunmehr nur noch zwei Stunden entfernte Nantes verlagert.

■ SEHENSWERTES ■

ALTSTADT
Die wichtigsten Gebäude von *Vieux Nantes* befinden sich am Nordufer der Loire. Die ehemalige Insel *Île Feydeau* in einem Seitenarm des Flusses fiel erst um 1930 der Stadt zu, nachdem man die Flussarme trockengelegt hatte. Die Handelshäuser mit ihren schön geformten Balkonen aus dem 18. Jh. lohnen einen Rundgang ebenso wie die mehrgeschossige und mit Skulpturen und Lampen geschmückte *Passage Pommeraye*, eine Einkaufsgalerie im Viertel Graslin. Sie führt auf die *Place Graslin*, um die sich das große Theater und die *Brasserie La Cigale* mit ihrem schönen Mosaikinterieur gruppieren.

CHÂTEAU DES DUCS DE BRETAGNE
Das Schloss, initiiert 1466 von Franz II. und vollendet von Anne de Bretagne, bietet einen schönen Kontrast

> **www.marcopolo.de/frankreich**

DER WESTEN

Nantes by Night: lebendiges Nachtleben in einer jungen Stadt

zwischen einem eleganten Schloss aus Tuffstein und einer massiven, groben Festungsmauer. Augenmerk verdient der Brunnen im Hof mit seiner Eisengitterkrone *(Juli/Aug. tgl. 9.30–19, sonst Di–So 10–18 Uhr)*. Der Festungswall ist länger geöffnet und im Sommer Treffpunkt zu Konzerten und Openairkino. *Eintritt 5 Euro | www.chateau-nantes.fr*

ESSEN & TRINKEN
CRÊPERIE HEB-KEN
Das sympathische Restaurant mit Fotos aus der Region an den Wänden bietet Qualität-Crêpes zu vernünftigen Preisen. *5, rue du Guérande | Tel. 02 40 48 79 03 | So geschl. | €*

LE PALUDIER
Gute Fischgerichte in nettem Rahmen; zum Dessert sollten Sie das Nougateis auf Ingwer und Erdbeeren probieren. *2, rue Santeuil | Tel. 02 40 69 44 06 | Mo mittags und So geschl. | €€*

ÜBERNACHTEN
HÔTEL LA PÉROUSE
Insider Tipp

Kontrast zur Altstadt gefällig? Dieses ultramoderne und durchdesignte Hotel ist eine nette Abwechslung mit seinen stylischen Zimmern und den rechteckigen Fenstern, die aus der Außenwelt ein dekoratives Element machen. *46 Zi. | 1, rue Pinon | Tel. 02 40 89 75 00 | Fax 02 40 89 76 00 | www.hotel-laperouse.fr | €€€*

AM ABEND
Nantes ist dank seiner Universität eine junge Stadt mit viel Nightlife. Eine gute Adresse ist *Le Marlowe*, ein Tanzclub im Stil der amerikanischen 1950er-Jahre *(1, place Saint Vincent | Tel. 02 40 48 47 65 | So geschl. | http://lemarlowe.annaec.com)*.

AUSKUNFT
OFFICE DE TOURISME
2, place Saint-Pierre | Tel. 02 40 20 60 00 | Fax 02 40 89 11 99 | www.nantes-tourisme.com

86 | 87

POITIERS

■ ZIEL IN DER UMGEBUNG ■
LA BAULE [168 C5]

Schönster Strand Europas nennt sich frech La Baule (16 000 Ew.) im Süden der Bretagne, 60 km westlich von Nantes. Und ein bisschen stimmt das auch, denn der perfekt gebogene lange Sandstrand ist wirklich sehr schön. Das Sport- und Vergnügungsangebot mit Wassersport, Tennisanlagen, Kasino, Hippodrom und Golfplatz macht die Stadt zu einer echten Feriendestination. Sehr hübsche Zimmer in drei Villen in einem ruhigen Wohnviertel finden Sie im *La St-Christophe (45 Zi. | place Notre-Dame | Tel. 02 40 62 40 00 | Fax 02 40 62 40 40 | €€€)*.

POITIERS
[169 E6] **Die Universitätsstadt (83 500 Ew.) liegt auf einem Felsplateau und bietet im Zentrum mittelalterliche Gässchen mit gemütlichen Plätzen voller Terrassen.** Bekannt ist Poitiers für zahlreiche romanische Kirchen, allen voran *Notre-Dame-la-Grande* mit ihrer Fassade aus Flachreliefs. An der Kirche beginnen einige Rundgänge, die mit Straßenmarkierungen gekennzeichnet sind. Nicht minder interessant ist auch die Kirche *Saint-Hilaire-le-Grand* in der gleichnamigen Straße. Die Pilgerstätte auf dem Jakobsweg überzeugt durch zahlreiche Säulen und Mosaikarbeiten im Chor. Kreative französische Küche bekommen Sie wenige Hundert Meter von der Kirche Notre-Dame entfernt im *La Table du Jardin (42, rue du Moulin à Vents | Tel. 05 49 41 68 46 | So/Mo geschl. | €€)*.

■ ZIELE IN DER UMGEBUNG ■
FUTUROSCOPE [169 E6]

Rund 10 km nördlich von Poitiers liegt dieser Erlebnispark, der audiovisuelle Techniken zum Thema hat. Technikfreaks kommen hier voll auf ihre Kosten mit runden Bildschirmen, Sprüngen in die Leere etc. *Tgl. 10 Uhr bis Einbruch der Nacht |*

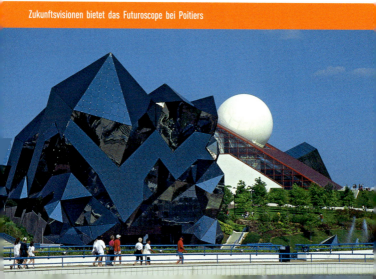

Zukunftsvisionen bietet das Futuroscope bei Poitiers

DER WESTEN

Eintritt 35 Euro | *www.futuroscope.com*

Insider Tipp

SAINT-SAVIN [169 F6]

Die Abtei 46 km östlich von Poitiers versteckt hinter ihren Türen außergewöhnliche Fresken, die biblische Szenen zeigen. Die Malereien stammen aus der Zeit zwischen 1080 und 1110 und beeindrucken durch ihren Detailreichtum. *Mo–Sa Juli/Aug. 10–19, So 14–18, sonst 10–12 und 14–18, Winter bis 17 Uhr | Eintritt 6 Euro | www.abbaye-saint-savin.fr*

RENNES

[168 C4] **Die Hauptstadt der Bretagne (210 000 Ew.) hat es geschafft ihr kulturelles Erbe zu bewahren, ohne dabei in der Vergangenheit zu verharren.** Mittelalterliche Sträßchen und klassische Fassaden, königliche Plätze, die in ihrer Eleganz das 18. Jh. lebendig werden lassen, formen das Herz der Stadt. Eine bedeutende Universität und erste Ansiedelungen von Hightech- und Biochemie-Industrie sichern die Zukunft.

■ SEHENSWERTES ■

ALTSTADT

In der Altstadt von Rennes reihen sich Fachwerkhäuser aus dem 15./16. Jh. aneinander, vor allem entlang der Straßen *Rue St-Sauveur, Rue de la Psalette, Rue St-Yves* und *Rue des Dames.* Besonders schöne Exemplare dieser Architektur finden Sie auch an der *Place du Champ Jacquet,* wo das bretonische Parlament sitzt. Gotische und Renaissancehäuser begrenzen die *Place Saint-Anne* und die sehr lebendige *Rue Saint-Georges,* in der sich Cafés und Restaurants drängeln.

■ ESSEN & TRINKEN ■

L'APPART DE LOÏC

Das modern eingerichtete, schicke Restaurant von Loïc Pasco bietet kreative Küche frisch vom Markt. *67, boulevard de La Tour-d'Auvergne | Tel. 02 99 67 03 04 | Sa/So/Mo mittags geschl. | www.lappartdeloic.fr | €€*

■ ÜBERNACHTEN ■

HÔTEL DE NEMOURS 🔊

Insider Tipp

Relativ moderne Zimmer in einem hübschen Stadthaus. *29 Zi. | 5, rue de Nemours | Tel. 02 99 78 26 26 | Fax 02 99 78 25 40 | www.hotelnemours.com | €€*

LA ROCHELLE

[172 B1] **Die Hafenstadt (120 000 Ew.) am Atlantik mit ihren schönen Arkaden, Museen, Parks und Stränden tut alles, um den Anschluss an die Moderne nicht zu verpassen.** Die Universitätsstadt hat sich früh darum bemüht, ein Wissenschaftszentrum zu kreieren und Hightechfirmen anzusiedeln. In der Stadt gibt man sich umweltbewusst mit einer Trambahn und Elektrolieferfahrzeugen. Als nächstes Projekt soll der Yachthafen ausgebaut werden.

■ SEHENSWERTES ■

LE QUARTIER ANCIEN

Zwei Straßen bestimmen die Altstadt: Die *Grande-Rue des Merciers* ist eine Einkaufsstraße, in der es viele schöne Fachwerk- und Renaissancehäuser zu bewundern gibt. In der *Rue du Palais* befinden sich

LA ROCHELLE

Lokale reihen sich dicht an dicht in der Altstadt von La Rochelle

Boutiquen und vor allem öffentliche Gebäude.

VIEUX PORT

Der alte Hafen liegt in einer engen Bucht und ist heute voller Yachten. Drei Türme begrenzen ihn: Die *Tour de la Chaine* verdankt ihren Namen einer Eisenkette, die bis zur *Tour Saint-Nicolas* gespannt wurde, um abends den Hafen zu schließen. Saint-Nicolas diente lange als Gefängnis und beherbergt heute ein kleines Museum über den Hafen. Vom dritten Turm, der ✹ *Tour de la Lanterne*, hat man einen schönen Panoramablick.

ESSEN & TRINKEN

L'ENTRACTE

Zeitgenössisches Ambiente trifft auf traditionelle Küche, bei der die berühmte Kochfamilie Coutanceau den Löffel schwingt. *35, rue St-Jean du Pérot | Tel. 05 46 52 26 69 | www.lentracte.net | kein Ruhetag | €€–€€€*

EINKAUFEN

FAIENCERIE JEAN ALEXIU

Diese Töpferei ist seit dem 13. Jh. berühmt. *4, rue Chaudrier | www.faienceriejeanalexiu.fr*

ÜBERNACHTEN

HÔTEL DE LA TOUR DE NESLE

Einfaches Hotel mit sehr schönem Blick über den Hafen und die Türme. *28 Zi. | 2, quais Louis-Durand | Tel. 05 46 41 05 86 | Fax 05 46 41 95 17 | www.hotel-la-tour-de-nesle.com | €€*

AUSKUNFT

OFFICE DE TOURISME

Le Gabut | Tel. 05 46 41 14 68 | Fax 05 46 41 99 85 | www.larochelle-tourisme.com

ZIEL IN DER UMGEBUNG

ÎLE D'OLÉRON   [172 B1–2]

Mit über 30 km Länge ist die Atlantikinsel nach Korsika Frankreichs zweitgrößte Insel (16 000 Ew.). Dank einer Brücke ist sie heute mit dem Festland verbunden und einfach zu erreichen. Die Ferieninsel erinnert ein bisschen an Sylt mit ihren endlosen weißen Sandstränden, dem

> *www.marcopolo.de/frankreich*

DER WESTEN

windig-rauen Atlantikklima und den hübschen weißen Sommerhäuschen. Bekannt ist sie auch für ihre reichen Wälder, ihre Mimosen und ihre Austern. Die berühmten Austernbänke befinden sich vor allem auf der Westseite der Insel. Übernachten können Sie im Badeort *Saint-Trójan-les-Bains* mit Blick aufs Meer im *Le Homard Bleu (20 Zi. | 10, boulevard Félix Faure | Tel. 05 46 76 00 22 | Fax 05 46 76 14 95 | €€).*

ÎLE DE RÉ ▶▶   [172 A–B1]

Die vornehme, schicke Insel (11 000 Ew.), 10 km westlich von La Rochelle, ist über einen Viadukt zu erreichen. Wie ihre große Schwester Oléron ist sie ein Ferienparadies mit langen Stränden, Dünen und viel frischer Luft. Hauptstadt ist *St-Martin-de-Ré.* Genau dort liegt auch das traumhafte, ganz in Weiß gestrichene Gästehaus *La Maison Douce (11 Zi. | 25, rue Mérindot | Tel. 05 46 09 20 20 | Fax 05 46 09 09 90 | www.lamaisondouce.com | €€€).*

Insider Tipp

SAINT-MALO

[168 C4] **Die Stadt (50 100 Ew.) wurde nach den Kriegszerstörungen im August 1944 nahezu komplett wieder aufgebaut.** Streng genommen ist vieles unecht, aber genau das macht Saint-Malo heute zu einer schönen Hafenstadt und einem netten Badeort. Einen Überblick bekommen Sie beim Spaziergang auf den ☼ Wallanlagen, die vor allem bei Hochwasser schöne Meerblicke erlauben. Diese *remparts* wurden im 12. Jh. begonnen und bis ins 18. Jh. hinein ausgebaut. Über die Geschichte der Stadt und ihre Piraten-

vergangenheit informiert das Museum mit dem langen Namen *Musée d'Histoire de la Ville et l'Ethnographie du pays Malouin,* das im Kastell untergebracht ist *(Esplanade Félicité Lamennais, Grand Donjon | www.ville-saint-malo.fr | April–Sept. tgl. 10–12.30 und 14–18, sonst Di–So 10–12 und 14–18 Uhr | Eintritt 5,40 Euro).* Wunderschöne Zimmer in einer herrschaftlichen Villa finden Sie im ☊ *La Valmarin (12 Zi. | 7, rue Jean-XXIII | Tel. 02 99 81 94 76 | Fax 02 99 81 30 03 | www.levalmarin.com | €€€).*

■ ZIEL IN DER UMGEBUNG ■

ÎLE DE BRÉHAT   [168 B3]

Insider Tipp

Dieses kleine Paradies (500 Ew.) liegt vor der berühmten Côte d'Armor. Fähren auf die Insel fahren von *Poubazlanec,* etwa 140 km von St-Malo entfernt. Wegen ihrer Minigröße von nur 3,5 km Länge und 1,5 km Breite ist die Insel für Autos gesperrt. Sie profitiert von einem milden Klima und ist besonders schön im Frühling, wenn alles blüht. Viel zu sehen gibt es auf der einstigen Pirateninsel nicht, hier geht es vor allem darum, die Seele baumeln zu lassen. Zimmer mit Aussicht gibt es im *Hôtel Restaurant Bellevue (17 Zi. | Tel. 02 96 20 00 05 | Fax 02 96 20 06 06 | www.hotel-bellevue-brehat.fr | €€€).*

CÔTE D'ÉMERAUDE ★   [168 C4]

Die direkt an die Stadt angrenzende Küste mit dem Titel die „Smaragdküste" *(www.cote-emeraude.com)* ist Teil der Côte d'Armor und berühmt für ihre Austern, historische Städte, schöne Strände und ruhige Badeorte.

VANNES

Insider Tipp *Dinard*, rund 11 km östlich von Saint-Malo entfernt, ist der Star unter ihnen. Das einstige Fischerdörfchen entwickelte sich dank eines in die Küste verliebten Amerikaners zum Luxusort (10 000 Ew.) mit prächtigen Villen und Parkanlagen. Ein weiterer Sightseeing-Spot ist Cap Fréhel: Auf dem Kap steht ein weißer Leuchtturm auf rötlich scheinendem Schieferfelsen über blau-grünem Meer, umschwirrt von seltenen Vögeln. Der Zugang ist nur von Juni bis September möglich.

DINAN [168 C4]

Etwa 30 km von Saint-Malo entfernt liegt dieses mittelalterliche Städtchen (14 000 Ew.), die mit einem Architekturensemble aus dem 15. bis 17. Jh. aufwarten kann, am Flussbogen der Rance. Vor allem rund um die *Place des Merciers* und die *Rue de Jerzual* finden sich schöne Häuser. Unbedingt probieren bzw. mitnehmen sollten Sie die regionale Spezialität *Gavotte:* knusprige Biskuits, ummantelt von Schokolade. Die bekommen Sie z. B. bei *Loc Maria (9, rue de Château | www.locmaria.fr)*.

VANNES

[168 C5] **In der mittelalterlichen Stadt (52 000 Ew.) im Golf von Morbihan wurde die Altstadt in eine Fußgängerzone umgewandelt.** Das erleichtert das Flanieren in den Gässchen des Zentrums, das von Wallanlagen begrenzt wird. Die Stadt hat ein reiches Erbe an Bauten aus dem Mittelalter und der Renaissance. Den schönsten Blick auf die Stadt Vannes haben Sie von der *Promenade de la Garenne* aus. Nicht

Zeugen einer alten Kultur – die Menhire von Carnac

DER WESTEN

verpassen sollten Sie die *Place Henri IV* und *La Cohue*. In den alten Markthallen aus dem 13. Jh. befand sich einst das Gericht. Heute finden dort Ausstellungen statt. Vannes eignet sich ideal als Ausgangspunkt für Touren in die Umgebung. Zentrale Lage und renovierte Zimmer zu bieten hat das 🔊 *Hôtel La Marébaudière (41 Zi. | 4, rue Aristide-Briand | Tel. 02 97 47 34 29 | Fax 02 97 54 14 11 | www.marebaudiere.com | €€)*.

■ ZIEL IN DER UMGEBUNG ■
BELLE-ÎLE-EN-MER [168 B5]

Insider Tipp

Die schöne Insel trägt ihren Namen zu Recht. Die größte der bretonischen Atlantikinseln (4500 Ew.) ist über Fähren von Quiberon, 47 km südwestlich von Vannes, zu erreichen. Sie ist geprägt von schroffen Felsen, blauem Meer, schönen Stränden, wie *Les Grands Sables*, und einer Zitadelle. Um sich gegen Angriffe der Engländer und Holländer zu wehren, rüstete sich die Insel einst mit einer Festung. Heute ist dort ein historisches Museum untergebracht, *(tgl. Juli/Aug. 9–19, Sept./Okt. und April bis Juni 9.30–18, im Winter bis 17 Uhr | Eintritt 6,50 Euro | im Ort Le Palais | www.citadellevauban.com)*.

Nicht weit entfernt von der einstigen Wehranlage befindet sich auch das hübsch renovierte *Hôtel Le Clos Fleuri (20 Zi. | route de Sauzon | Tel. 02 97 31 45 45 | Fax 02 97 31 45 57 | www.hotel-leclosfleuri.com | €€–€€€)*.

CARNAC ★ [168 B5]

Diesen Ort etwa 25 km westlich von Vannes (4500 Ew.) kann man als das bretonische Pendant zu Stonehenge in England sehen. Seine Menhire, rund 3000 an der Zahl, werden auf die Zeit zwischen 4500 und 2500 v. Chr. datiert und verteilen sich auf drei große Felder: die Steinreihen von *Menec*, von *Kermario* und *Kerlescan*. Die größten Menhire ragen bis zu 4 m in die Höhe. *Tgl. Okt.–März | Eintritt frei | www.culture.gouv.fr*. Ein Grabhügel, der *Tumulus Saint-Michel*, ergänzt die perfekt durchorganisierte Anlage. *La Maison des Mégalithes* bietet Führungen an *(etwa 4,50 Euro pro Person | http://carnac.monuments-nationaux.fr)*.

Weltweit anerkannt für seine wertvolle prähistorische Sammlung ist das *Musée de Préhistoire (10, place de la Chapelle | www.museedecarnac.com | Juli/Aug. tgl. 10–18, April bis Juni und Sept. Mi–Mo 10–12.30 und 14–18, sonst bis 17 Uhr | Eintritt 5 Euro)*.

92 | 93

> PATCHWORK VOLLER CHARME

Inniger Glaube, herzhaftes Essen, starke Charaktere und windige Küsten – Frankreichs Kulturmix kurz vor Spanien

> **Der Südwesten des Landes mit seinen beiden großen Regionen Aquitaine und Midi-Pyrénées steht oft ein bisschen im Schatten seines Mittelmeernachbarn.**
Zu Unrecht: Der Südwesten ist ein buntes Allerlei an Mentalitäten, Spezialitäten und Lebensweisen. An seiner äußersten Spitze liegt das Baskenland, das durch die Grenze nach Spanien zwar politisch geteilt sein mag, aber in den Köpfen seiner Bewohner als Einheit weiterlebt. Die französischen Basken versuchen ihre Sprache und ihr Brauchtum zu retten, ohne dabei den Anschluss an die Moderne zu verlieren.

Die angrenzende Bergkette der Pyrenäen mit ihren schroffen, zauberhaften Landschaften ist ein Paradies für Wanderer, Natursuchende – und für Gläubige, die in Scharen nach Lourdes pilgern auf der Suche nach Heilung. Etwas ganz anderes suchen die Touristen in der nicht weit ent-

Bild: Bordeaux, Cathédrale Saint-André

DER SÜDWESTEN

fernten Gascogne, die für ihr herzhaftes Essen bekannt ist und als Zentrum des Armagnac und der berühmten Gänseleberpastete gilt. Die Region ist bäuerlich geprägt, so wie es auch Teile des Périgord sind. Dieser Landstrich wird geschätzt wegen seiner Trüffeln, Kastanien und Erdbeeren, aber auch wegen seiner weltberühmten prähistorischen Stätten und dem romantischen Tal der Dordogne. Es zieht viele Engländer an, die hier die kleinen Dörfer liebevoll restaurieren und mit neuem Leben erfüllen. Weit weg von diesem ländlichen Leben scheinen die beiden großen Städte Toulouse mit dem Luft- und Raumfahrtzentrum und Bordeaux mit seinen Kunst- und Weinschätzen. Die beiden Orte bilden geografisch und kulturell die Randpunkte des Südwestens, der neben traumhaften Stränden jede Menge Überraschungen bereit hält.

ARCACHON

Dune du Pilat bei Arcachon

ARCACHON

[172 B3] In dieser Stadt (12 000 Ew.) riecht es förmlich nach Sommer und Badefreuden. Gelegen zwischen dem dichten Wald des Naturparks *Landes et Gascogne*, dem Atlantik und dem gleichnamigen Bassin, ist Arcachon ein beliebtes Wochenendziel der Bordelaiser mit einem Mix aus altem Schick und Moderne.

SEHENSWERTES

BASSIN D'ARCACHON

Bei Flut bedeckt das Bassin, das von sanften Sanddünen und sehr viel Pinienwald umgeben ist, eine Fläche von über 150 km². Die Meereinbuchtung enthält Brackwasser, denn der Fluss Eyre speist das Bassin mit Süßwasser. Diese Mischung ist ideal für die Austernzucht, die hier mit 18 000 t pro Jahr zu den größten in ganz Europa gehört.

DUNE DU PILAT (PYLA) ★ ☼

Die am Eingang des Bassins von Arcachon gelegene Düne, gegenüber der Badestation Cap Ferret, ist etwa 2,7 km lang, 500 m breit und 107 m hoch. Die größte Düne Europas verändert je nach Wind und Wellen ihre Form und wandert jährlich rund 4 m. Ihr Alter schätzt man auf 8000 Jahre. Ein Spaziergang auf ihr ist ein Muss. Östlich der Düne befindet sich ein Pinienwald, im Westen liegt der Ozean. Von der Höhe haben Sie einen traumhaften Blick auf den Sonnenuntergang.

VILLE D'ÉTÉ

In der Sommerstadt am Meer gibt man sich mondän mit einem Kasino,

DER SÜDWESTEN

einigen Fischrestaurants und großen Terrassen. Von der ✳ *Jetée de Thiers* haben Sie einen schönen Blick auf das Bassin und die Strandpromenade von Arcachon.

VILLE D'HIVER

In der Winterstadt von Arcachon reihen sich – geschützt vor dem kalten Winterwind – traumhafte Villen aneinander. Erbaut wurden sie Ende des 19., Anfang des 20. Jhs., als Arcachon dank der Eisenbahnlinie einen Aufschwung erlebte. Die schönsten Exemplare stehen an den Alleen *Corrigan, Faust, Brémontier* und *Pasteur*.

◼ ESSEN & TRINKEN

LE PAVILLON D'ARGUIN

Hafenatmosphäre, freundlicher Service und gutes Essen mit viel Fisch. *63, boulevard du Général-Leclerc | Tel. 05 56 83 46 96 | Nebensaison Mo geschl. | €€*

◼ ÜBERNACHTEN

HÔTEL MARINETTE 🔊

Ruhig und günstig übernachten Sie in dieser weiß-grünen Villa. *23 Zi. | 15, allée José-Maria-de-Heredia | Tel. 05 56 83 06 67 | Fax 05 56 83 09 59 | € – €€*

BAYONNE

[172 A5] Zu Füßen der Pyrenäen profitiert die Hauptstadt des Baskenlands (44 000 Ew.) und Bistum des Departements Pyrénées-Atlantiques von einer außergewöhnlich schönen geografischen Lage. Im Herzen der Altstadt fließen die Flüsse Nive und Adour zusammen. An den Ufern der Nive schmiegen sich bunte Fachwerkhäuschen aneinander.

◼ SEHENSWERTES

ALTSTADT

Innerhalb der dicken Festungsmauern, erbaut unter Ludwig XIV. als Schutz gegen die Spanier, reihen

MARCO POLO HIGHLIGHTS

⭐ **Dune du Pilat (Pyla)**
Hier liegt die Sahara direkt am Meer (Seite 96)

⭐ **Grande Plage**
Nirgendwo im Südwesten ist Baden mondäner als in Biarritz (Seite 102)

⭐ **Bordeaux**
Eine der schönsten Städte Frankreichs wird immer schöner (Seite 104)

⭐ **Dordognetal**
Stadt, Land, Fluss in perfekter Harmonie (Seite 107)

⭐ **Rocamadour**
Ein Ort wie eine Filmkulisse (Seite 109)

⭐ **Lourdes**
Selbst Ungläubige schlägt die weltberühmte Pilgerstätte in Bann (Seite 110)

⭐ **Toulouse**
Historie und Zukunft in perfekter Symbiose (Seite 113)

⭐ **Cathédrale Sainte-Cécile**
Die festungsartige Kirche ist das Highlight von Albi (Seite 116)

BAYONNE

sich die Sehenswürdigkeiten der Stadt: die *Cathédrale Sainte-Marie* mit ihrem gotischen Kreuzgang, das alte Schloss aus dem 11. Jh. und die *Rue du Port-Neuf* mit ihren berühmten Schokoladenherstellern und Konditoren.

MUSÉE BASQUE
Das Museum bietet eine ethnografische Sammlung über die baskische Kultur. *37, quai des Corsaires* | *www.musee-basque.com* | *Di–So 10–18.30, Juli/Aug. Mi bis 21.30 Uhr* | *Eintritt 5,50 Euro*

PETIT BAYONNE
Im Viertel rechts der Nive offenbart die Stadt ihren festlichen Charakter. Hier gibt es eine ganze Reihe von guten Restaurants, aber auch sehr schöne Häuser am *Quai Galuperie* und *Quai des Corsaires*. Das Viertel ist eine Bastion der baskischen Nationalisten, wie an den Graffiti zu erkennen ist.

ESSEN & TRINKEN
RESTAURANT LE BAYONNAIS
Nettes Lokal mit einer ausgesuchten Weinkarte und sehr frischen Speisen. *38, quai des Corsaires* | *Tel. 05 59 25 61 19* | *So abends und Mo geschl.* | €€

ÜBERNACHTEN
HÔTEL DES ARCEAUX
Inside Tipp
Zentral gelegenes und hübsches Haus, 6 Zi. | *26, rue Port-Neuf* | *Tel. 05 59 59 15 53* | *Fax 05 59 25 64 75* | *www.hotel-arceaux.com* | €

ZIELE IN DER UMGEBUNG
AÏNHOA [172 B5]
Das Dorf (650 Ew.) 30 km südlich von Bayonne im Herzen des Baskenlands nahe der spanischen Grenze darf sich mit dem Label der „schönsten Dörfer Frankreichs" schmücken. Zu Recht: Die Kirche mit ihrem quadratischen Turm ist sehenswert, an der Hauptstraße reihen sich hübsche Stadthäuschen mit den typischen

Im Musée Basque in Bayonne erfahren Sie alles über die baskische Kultur

DER SÜDWESTEN

roten und grünen Fensterläden. Gut essen und übernachten können Sie im charmanten Hotel *Ithurria (29 Zi. | rue Principale | Tel. 05 59 29 92 11 | Fax 05 59 29 81 28 | www.ithurria. com | €€€).*

ANGLET [172 A5]

Zwischen den langsam zusammenwachsenden Städten Bayonne und Biarritz gelegen, nennt man Anglet auch gern „das grüne Paradies" der Städteagglomeration. Mit einem 11 km langen Strand und 2,5 km² Pinienwald ist es das Ziel vieler Sportler und Badefreunde. Übernachten kann man im einfachen Gästehaus *La Musica (3 Zi. | 4, rue Thalie | Tel. 05 59 42 24 97 | €€).*

LA BASTIDE-CLAIRENCE [172 A5]

In dem kleinen, 15 km östlich von Bayonne gelegenen Städtchen (900 Ew.) scheint die Zeit stehen geblieben zu sein. Wie ein Postkartenmotiv zeigt sich der von Ludwig X. von Navarra 1312 gegründete Ort mit seinen Handwerkerateliers. Ganz zum Ambiente passt ein traditionelles Essen bei *Chez Odile (Au Bourg, Bardos | Tel. 05 59 56 82 65 | Sa mittags und Mo abends geschl. | €).*

CAMBO-LES-BAINS [172 A5]

Das charmante Heilbad (4500 Ew.) 21 km südöstlich von Bayonne am Ufer der Nive ist für sein mildes Klima bekannt, das den Ort zu einem wichtigen Kurort für Lungenkrankheiten im Frankreich des 16. Jhs. werden ließ. Im 20. Jh. bereicherten Sanatorien den Ort. Heute gehört Cambo-les-Bains wieder zu den ersten und auch innovativsten Adressen

in der Thermalheilkunde. Die Art-déco-Thermen sind liebevoll renoviert worden, die Stadt besticht durch eine Ansammlung von traumhaften Gärten. Wichtigste Sehenswürdigkeit ist die *Villa Arnaga* des Schrift-stellers Edmond Rostand, der durch das Buch „Cyrano de Bergerac" bekannt wurde *(2, route de Bayonne | www.arnaga.com | April–Juni und Sept. tgl. 10–12.30 und 14.30–19, Juli/Aug. 10–19, Mitte Okt.–Nov. und März Sa/So 14.30–18 Uhr | Eintritt 6,20 Euro).* Übernachtungs-möglichkeiten gibt es im verwunschenen Fachwerkhaus *Rosa Enia | (6 Zi. | rue du Prof.-Grancher | Tel. 05 59 93 67 20 | €).*

Insider Tipp

DAX [172 B4]

Geschützt vom Meerwind durch einen dichten Wald und gesegnet mit vielen Thermalquellen zieht Dax (20 000 Ew.) seit dem 17. Jh. Kururlauber an. Die Stadt im Herzen des Departements Landes war die erste Thermalstadt Frankreichs und empfängt noch heute mit ihren rund 15 Thermalbädern mehr als 53 000 Kursuchende pro Jahr. Neben der Kathedrale ist vor allem die heiße Quelle ein Anziehungspunkt. Die schon von den Römern geschätzte *Fontaine Chaude* ergießt Wasser mit einer Temperatur von 62 Grad in das große, von Arkaden gesäumte Bassin. Für einen stilvollen Aufenthalt im Belle-Époque-Ambiente sollten Sie sich im *Grand Hôtel Mercure Splendid* einquartieren *(100 Zi. | cours de Verdun | Tel. 05 58 56 70 70 | Fax 05 58 74 76 33 | www.mercure.com | €€–€€€).* 53 km nördlich von Bayonne

BERGERAC

ESPELETTE [172 A5]
Der kleine baskische Ort (1900 Ew.), 5 km südwestlich von Cambo-les-Bains wurde zum Synonym eines Gewürzes. Das rote Pulver, das im Baskenland oft den Pfeffer ersetzt, wird aus großen, roten Peperoni gewonnen, die ab September vor fast jedem Haus als Girlande zum Trocknen hängen. Ende Oktober wird die Ernte mit einem großen gastronomischen Fest gefeiert.

HOSSEGOR & CAPBRETON ▶▶ [172 A4–5]
Die beiden zusammengewachsenen Badestädte Hossegor (7000 Ew.) und Capbreton (3400 Ew.) 26 km nördlich von Bayonne bilden den Endpunkt der traumhaften, 240 km langen Badeküste Côte d'Argent, die in Arcachon ihren Anfang nimmt. Beide Städte sind dank ihrer breiten Sandstrände, des bewegten Wellengangs und der immer frischen Brise das Ziel vieler Surfer, die sich hier zu wichtigen Wettbewerben wie dem Weltcup treffen. Nichtsurfer schätzen die schöne Landschaft mit einem See direkt neben dem Meer und die belebte, auch architektonisch gelungene Innenstadt. Eine elegante und freundliche Unterkunft mit kleinem Pool bietet das Hotel 🔊 *Barbary Lane (18 Zi. | 156, avenue de la Côte-d'Argent | Tel. 05 58 43 46 00 | Fax 05 58 43 95 19 | www.barbary-lane.com | €–€€).*

> LOW BUDGET

> Albi: Kostenlose Orgelkonzerte in der Kathedrale im Juli/August immer mittwochs und sonntags

> Bordeaux: Die Pauschale *Decouverte 2 nuits* beinhaltet zwei Übernachtungen mit Frühstück, Stadtbesichtigung, Besichtigung eines Weinbergs mit Weinprobe und eine Karte zum kostenlosen Eintritt in Sehenswürdigkeiten und Museen. Erhältlich in der Tourismuszentrale

> Toulouse: Am ersten Sonntag im Monat sind die Museen kostenlos. Der *Passeport Musées* ermöglicht eine Ermäßigung für drei bzw. sechs Museumsbesuche. Bei längerem Aufenthalt lohnt die Karte *Toulouse en Liberté* (10 Euro) mit zahlreichen Vergünstigungen (erhältlich in der Tourismuszentrale).

BERGERAC

[172 C3] **Die drittgrößte Stadt des Périgord (29 000 Ew.) mit hübscher mittelalterlicher Stadtstruktur trägt einen bekannten literarischen Namen.** Doch Cyrano de Bergerac, der sprachgewandte Edelmann aus dem gleichnamigen Roman, hat mit der kleinen Hafenstadt an der Dordogne rein gar nichts zu tun. Stattdessen ist Bergerac für anderes bekannt: Die Hafenstadt war einst eine Hochburg des Protestantismus und ist heute Zentrum des Tabaks in Frankreich sowie ein bekanntes Weinanbaugebiet.

■ SEHENSWERTES
MUSÉE DE TABAC
Wo Ludwig XIII. früher mit den Protestanten diskutierte, erfährt man nun viel über Pfeifen und das Rauchen. *Maison Peyrarède, Place du Feu | Di–Fr 10–12 und 14–18, Sa bis 17, So 14.30–18.30 Uhr | Eintritt 3 Euro*

DER SÜDWESTEN

ESSEN & TRINKEN

L'IMPARFAIT
Authentische Küche in rustikalem Rahmen. *8, rue des Fontaines | Tel. 05 53 57 47 92 | www.imparfait.com | So/Mo geschl. | €€*

Waldstücke bilden ein Mosaik, an dessen Anfang die kleine Stadt liegt.

VERGT [172 C3]
Die Gemeinde etwa 35 km nördlich von Bergerac ist bekannt für ihre

Gute Surfspots gibt es viele an der Atlantikküste

ÜBERNACHTEN

CHÂTEAU LESPINASSAT
Schöne Unterkünfte in gediegenem Rahmen. *5 Zi. | route d'Agen | Tel. 05 53 74 84 11 | www.chateaulespinassat.fr | €€€*

ZIELE IN DER UMGEBUNG

CINGLE DE TRÉMOLAT [172 C3]
Insider Tipp

Ein Naturschauspiel ist diese Flussschleife, die die Dordogne etwa 30 km östlich von Bergerac durchläuft. Die angrenzenden Felder und

Erdbeeren, was unschwer an den kilometerlangen Feldern, die mit Plastikhauben bedeckt sind, erkennbar ist. Die Erdbeeren aus Vergt gelten als die besten Frankreichs. Der Erdbeermarkt findet von Mitte April bis Mitte November statt.

BIARRITZ

[172 A5] ▶▶ **Seiner filmreifen Meerkulisse verdankt Biarritz (30 000 Ew.) den Aufstieg von einem armen Hafenstädtchen zu einem mondänen Seebad.** Mitte des

BIARRITZ

19. Jhs. traf sich hier der europäische Hochadel und hinterließ architektonische Spuren in Form von zahlreichen Villen mit Meerblick. Die berühmtesten sind das *Château Javalquinto*, heute Sitz der Tourismuszentrale, und die Villa der Kaiserin Eugenie, Gattin Napoleons III., in dem heute das *Hôtel du Palais* untergebracht ist. Auf der Esplanade rund um den Felsen der Jungfrau, an dem sich spektakulär die Wellen brechen, traf und trifft sich der Jetset. Einst flanierten hier Jean Cocteau, Ernest Hemingway, Sarah Bernhardt, Frank Sinatra, heute Modedesigner wie Karl Lagerfeld und Jean-Paul Gaultier. Die meisten Besucher kommen jedoch zum Surfen. Der starke Wellengang, schnell wechselnde Wetterverhältnisse, weiße Sandbuchten und zahlreiche Thalassoangebote haben der „Königin der Strände", wie man Biarritz früher nannte, zu einer sehr jungen und trendigen Wiedergeburt verholfen. Im Sommer verfünffacht sich die Bevölkerung.

SEHENSWERTES

MUSÉE DE LA MER
Über die ständig wechselnden Öffnungszeiten des Museums informiert die Website *www.museedelamer.com*. *Esplanade du Rocher-de-la-Vierge | Eintritt 7,80 Euro*

ESSEN & TRINKEN

LE CLOS BASQUE
Einfaches, aber gut gelegenes Restaurant mit Garten. Béatrice Viateaus regionale Küche ist perfekt für ein Mittagessen. *12, avenue Louis-Barthou | Tel. 05 59 24 24 96 | So abends und Mo geschl. | €€*

ÜBERNACHTEN

HÔTEL LE SAINT-CHARLES
Reizendes Hotel mit großem Garten, etwas außerhalb des Zentrums. *13 Zi. | 47, avenue Reine-Victoria | Tel. 05 59 24 10 54 | Fax 05 59 24 56 74 | www.hotelstcharles.com | €€*

STRÄNDE

GRANDE PLAGE ⭐
Der mondänste der Strände mit dem Beinamen „Küste der Verrückten", direkt unter dem Kasino und mit bunten Umkleidekabinen.

PLAGE DE LA CÔTE-DES-BASQUES
Dieser Strand südlich des Zentrums verdankt seinen Namen einer „Wallfahrt zum Meer" und ist heute in festen Händen der Surfer.

AUSKUNFT

OFFICE DU TOURISME ET DES CONGRÈS
Square d'Ixelles | Tel. 05 59 22 37 00 | Fax 05 59 24 97 80 | www.biarritz.fr

ZIELE IN DER UMGEBUNG

HENDAYE   [172 A5]
Die Grenzstadt (13 000 Ew.) kurz vor dem spanischen Territorium ist ein Badeort mit weitem Strand und sanftem Wellengang, der vor allem Familien mit Kindern anlockt. Doch das hübsch mit Palmen und Magnolien begrünte Ambiente täuscht darüber hinweg, dass hier einst – dank der strategischen Lage – Geschichte geschrieben wurde: In Hendaye traf sich König Ludwig XI. mit dem König von Kastilien, wurde 1659 der Vertrag der Pyrenäen unterzeichnet, die Heirat zwischen Ludwig XIV. und Infantin Maria-Theresia besiegelt, und Adolf Hitler kam hier mit Franco

> *www.marcopolo.de/frankreich*

DER SÜDWESTEN

1940 zu einem geheimen Treffen zusammen. Für eine Thalassokur bietet sich das modern eingerichtete Hotel 🛎 *Serge Blanco* an *(90 Zi. | 125, boulevard de la Mer | Tel. 05 59 20 01 62 | www.thalassoblanco.com | €€–€€€).20 km westlich*

LA RHUNE ✼ [172 A5]

Der 15 km südlich von Biarritz gelegene Ort *Ascain* (3000 Ew.) ist Ausgangsstation für viele Wanderungen auf den berühmtesten Berg der Region, *La Rhune* (900 m). Vom Gipfel haben Sie einen spektakulären Blick auf das Meer, die Wälder und die Pyrenäen. Wer nicht laufen will, kann die alte Bahn nehmen, die mit gemütlichen 8 km/h von Ascain über Saint-Ignace bis zur Bergspitze tuckert.

SAINT-JEAN-DE-LUZ [172 A5]

Zwei Charakteristika machen den Charme dieser baskischen Stadt (13 000 Ew.) 5 km südlich von Biarritz aus: der Fischereihafen und die historische Altstadt, die sich rund um die belebte *Place Louis XIV* gruppiert.

Schön voll: Die Grande Plage von Biarritz in der Hochsaison

102 | 103

BORDEAUX

Der Name des Sonnenkönigs ist in Saint-Jean-de-Luz sehr präsent, denn er ehelichte hier die spanische Infantin Maria-Theresia. Nach der Trauung am 8. Mai 1660 in der – wegen ihrer dreigeschossigen Galerie sehr sehenswerten – Kirche *Saint-Jean-Baptiste* wurde das Kirchentor zugemauert und verlegt. An der eleganten Meeresfront reihen sich Hotels, ein Kasino und jede Menge Appartementhäuser aneinander. Für ein baskisches Abendessen sollten Sie im *Chez Maja – Le Petit Grill Basque* einkehren *(2, rue St-Jacques | Tel. 05 59 26 80 76 | Mi geschl. | €)*. Übernachten können Sie in einem hübschen baskischen Haus mit Garten, im *Hôtel Ohartzia (17 Zi. | 28, rue Garat | Tel. 05 59 26 00 06 | Fax 05 59 26 74 75 | www.hotel-ohartzia.com | €€)*.

BORDEAUX

[172 B3] ★ **Die Hauptstadt der Region Aquitaine (230 000 Ew.) liegt rund 60 km vom Meer entfernt am Unterlauf der Garonne.** Bordeaux genießt den Ruf, die Hochburg der Bourgeoisie zu sein. Adel und Bürgertum machen ihr Geld seit jeher mit Wein und Handel. Der Stadt sieht man diesen Reichtum an: Die Opulenz des 18. Jhs. hat hier im großen Stil Spuren hinterlassen. Doch es gibt auch ein Bordeaux mit kleinen mittelalterlichen Gässchen und neu zum Leben erweckten Quais an der Garonne. Links des Flusses ist der Zugang zum Wasser wieder möglich, am rechten Ufer soll ein grünes Viertel entstehen. Eine neue Trambahn entlastet den Verkehr. Alles Zeichen, dass die Stadt im Umbruch ist – in eine noch schönere Zukunft.

■ SEHENSWERTES

ALTSTADT

Der Bezirk *Le Vieux Bordeaux* zwischen den beiden eher volkstümlichen Vierteln Chartrons und Saint-Michel gelegen beinhaltet rund 5000 (!) Gebäude aus dem 18. Jh.

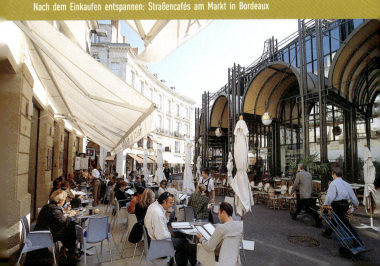

Nach dem Einkaufen entspannen: Straßencafés am Markt in Bordeaux

DER SÜDWESTEN

CAPC

Das Museum für zeitgenössische Kunst zeigt Meisterwerke von 1960 bis heute und gute Wechselausstellungen. *7, rue Ferrère | Di–So 11–18, Mi bis 20 Uhr | Eintritt 5 Euro*

CATHÉDRALE SAINT-ANDRÉ

Sie gehört zum Weltkulturerbe der Unesco, wurde im Mittelalter erbaut, zwischen dem 13. und 15. Jh. erweitert und wird gerade aufwendig renoviert. Archäologische Funde haben teilweise die Arbeiten gestoppt. Vor allem das *Portail Royal* mit seinen vielen Figuren und der Turm sind berühmt. *Kostenlose Führungen, Treffpunkt Place Pey Berland*

ESPLANADE DES QUINCONCES

Der Platz ist vor allem wegen seiner Größe beeindruckend. Mit über 12 000 m^2 gehört er zu den größten Plätzen Europas. Erbaut nach dem Hundertjährigen Krieg und erweitert unter Ludwig XIV., ist der Platz auch Erinnerungsort für zwei der wichtigsten Bürger der Stadt: den Philosophen und früheren Bürgermeister Michel de Montaigne und den Staatstheoretiker Baron de Montesquieu.

GRAND THÉÂTRE

Es zählt zu den schönsten Opernhäusern der Welt und gilt als Meisterstück des Pariser Architekten Victor Louis. Zwölf korinthische Säulen und neun Musenstatuen bilden das Perystil. Zu besichtigen ist das Vestibül, die Monumentaltreppe und natürlich die Decke im Saal. *Place de la Comédie | Besichtigung nur nach Reservierung in der Tourismuszentrale | Tel. 05 56 00 66 00*

PLACE DE LA BOURSE

Der Börsenplatz, erbaut in den Jahren von 1730 bis 1755, gehört zu den schönsten Plätzen der Stadt. Das architektonische Ensemble aus Brunnen, Palais der Börse im Norden und Zollmuseum im Süden ist sehenswert.

◼ ESSEN & TRINKEN

LA BOÎTE À HUÎTRES

Das nette, schräg gegenüber der Oper gelegene Restaurant ist, auf Austern spezialisiert. Im Sommer können Sie die auch auf der Terrasse genießen. *36, cours du Chapeau Rouge | Tel. 05 56 81 64 97 | kein Ruhetag | €€*

◼ EINKAUFEN

Unbedingt probieren und mitnehmen sollten Sie die *cannelés*, kleine Kuchen aus Bordeaux mit leicht karamellisierter Kruste: außen knackig, innen weich. Erhältlich sind diese Köstlichkeiten unter anderem bei *Baillardran Cannelés (Galerie des Grands-Hommes).*

◼ ÜBERNACHTEN

HÔTEL DE L'OPÉRA 🔊

In einem prachtvollem Haus untergebrachtes Hotel mit einfachen Zimmern nahe der Oper. *75 Zi. | 35, rue Esprit de Lois | Tel. 05 56 81 41 27 | Fax 05 56 51 78 80 | www.hotel-bordeaux-centre.com | € €€*

UNE CHAMBRE EN VILLE 🔊

Recht modern organisiertes Hotel in einem historischen Gebäude in der Innenstadt mit verschieden gestalteten Themenzimmern. *5 Zi. | 35, rue Bouffard | Tel. 05 56 81 34 53 | www.bandb-bx.com | €€*

CAHORS

■ AM ABEND ■
An den wiederbelebten Quais haben sich viele angesagte Cafés und Läden angesiedelt. Besonders beliebt bei der jungen Bordelaiser Szene sind die Bars und Diskotheken am ▶▶ *Quai Armand-Lalande*. Auch an der *Place de la Victoire* gibt es eine große Auswahl an Kneipen mit Livemusik.

Insider Tipp

■ AUSKUNFT ■
OFFICE DE TOURISME
12, cours du 30-Juillet | Tel. 05 56 00 66 00 | www.bordeaux-tourisme.com

■ ZIEL IN DER UMGEBUNG ■
SAINT-EMILION [172 C3]
Jeder Weinliebhaber kennt den Ort (2000 Ew.). Der Rotwein aus den Lagen des Orts ist weltberühmt. Gelegen auf zwei Kalksteinhügeln, umgeben von schier endlos erscheinenden Weinbergen bester Lage, zieht der Ort nicht nur Weinfreunde an. Die unterirdische, aus einem Stein gehauene Monolithkirche aus dem 11. Jh. ist eine der größten Europas. Weinproben bietet die *Maison du Vin de Saint-Emilion (Place Pierre-Meyrat | Tel. 05 57 55 50 55)* an.

CAHORS
[173 D3] Spektakulär in einer riesigen Flussschleife gelegen, bildet die Stadt (20 000 Ew.) eine Art Halbinsel. Über das Ufer des Lot führen mehrere Brücken. Die bekannteste ist die *Pont Valentré*, die mit ihren 40 m hohen Türmen den Befestigungsbaustil des Mittelalters bezeugt. Dass Cahors im 13. Jh. seine Blütezeit erlebte, merkt man auch in der Altstadt. Fachwerk- und Ziegelsteinhäuser wie die *Maison de Roaldès (247, quai Champollion)* prägen das Stadtbild. Die mit reichen Fassaden gesäumten Straßen *Rue Nationale*, *Rue du Docteur-Bergounioux* und *Rue Lastié* liegen im Schatten der Kathedrale *Saint-Etienne*, einem imposanten Kuppelbau mit schönen Nordportal und Kreuzgang. Übernachten kann man günstig, außerhalb von Cahors, im romantischen Gästehaus *Le Clos des Dryades in Vers (5 Zi. | Lieu-dit du Bois noir | Tel. 05 65 31 44 50 | www.closdesdryades.com | €)*.

■ ZIELE IN DER UMGEBUNG ■
CONQUES [173 E3]
Seine spektakuläre Lage ist das Kennzeichen dieses kleinen Orts (300 Ew.) 120 km nordöstlich von Cahors, der sich an die steil abfallenden Hänge einer Schlucht schmiegt. Die romanische Kirche, eine der Pilgerstationen auf dem Jakobsweg, bildet das Herz des Orts, in dem Ruhe und wilde

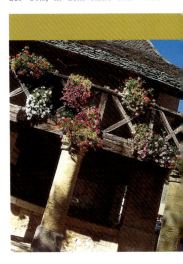

DER SÜDWESTEN

Natur eine Einheit bilden. Übernachtungsmöglichkeiten finden Sie zum Beispiel im geschmackvoll renovierten *Hôtel Sainte-Foy (17 Zi. | Tel. 05 65 69 84 03 | Fax 05 65 72 81 04 | www.hotelsaintefoy.fr | €€€).*

DOMME   [173 D3]

Gern auch „Akropolis des Périgord" genannt wegen seiner Lage auf einem Felsen mit Blick auf die Dordogne, ist Domme (1000 Ew.) vor allem wegen seiner trapezförmigen Bastide bekannt. 1283 von Philippe dem Kühnen gegründet, sollte die rund 80 km nördlich von Cahors gelegene Festung vor allem das Dordognetal überwachen. Günstig essen können Sie im *Cabanoix et Châtaigne (3, rue Geoffroy-de-Vivans | Tel. 05 53 31 07 11 | Di/Mi geschl. | €€).*

DORDOGNETAL ⭐   [173 D3]

Einer der malerischsten Abschnitte des 490 km langen Flusses, der in der Auvergne entspringt und in die Gironde mündet, liegt im östlichen Périgord zwischen den Orten *Beaulieu-sur-Dordogne* und *Souillac*, etwa 70 km nördlich von Cahors. Von Beaulieu mit den Überresten einer Benediktinerabtei windet sich der Fluss in weichen Bögen über *Carennac*, später an der mittelalterlichen Festung *Floirac* vorbei bis zur Flussschleife *Cirque de Montvalent.* In stärkeren Windungen geht es zur Vogtei von *Creysse*, dann unter der Brücke von *Meyronne* hindurch und bis zur der Grotte von *Lacave*. Kurz vor dem pittoresken Ort Souillac ist rechts noch das *Château de la Treyne* zu sehen. Übernachten können Sie 5 km von Souillac im *Le Manoir (5 Zi. | La Forge | Tel. 05 65 32 77 66 | Fax 05 65 32 77 66 | www.lemanoir. net | €).*

Insider Tipp

EYRIGNAC   [173 D3]

Insider Tipp

Die Gärten von Eyrignac nördlich von Sarlat sind ausnahmsweise nicht

Domme wurde einst als Wehrdorf in strategisch günstiger Lage auf einem Felsen errichtet

CAHORS

historischen Ursprungs, sondern stammen aus dem 20. Jh. 1960 entschloss sich der aristokratische Besitzer und selbsternannte Gärtner mit dem langen Namen Gilles Sermadiras de Pouzols de Lile, aus dem Wildwuchs seines Gutshauses ein Schmuckstück eines französischen Gartens zu schaffen. Sein Sohn Patrick, der aktuelle Eigentümer, führt die Arbeit seines Vaters fort und hat dieses *Monument Historique* inzwischen auch für Besucher geöffnet, die heute zwischen Apfelbaumalleen und Eibenzylindern spazieren gehen und über die weißen Rosensträucher staunen können. *Tgl. April 10–19, Mai–Sept. 9.30–19, Okt.–März 10.30 bis 12.30 und 14.30 Uhr bis Einbruch der Dunkelheit | Eintritt 9,80 Euro | www.eyrignac.com*

LES EYZIES-DE-TAYAC [173 D3]

Der kleine Ort 90 km nordwestlich von Cahors (900 Ew.) am Fluss Vézère wird gern auch als „Hauptstadt der Prähistorie" bezeichnet, denn hier fand man 1868 die fossilen Überreste des Cro-Magnon-Menschen. Dieer Fund gilt als eine der ersten Entdeckungen von Knochen des Homo sapiens. Außergewöhnlich sind die prähistorischen Schutzhöhlen von *Laugerie-Basse*, in den Felsen geschlagene Wohnbuchten, und die Grotten von *Grand Roc* und *Font-de-Gaume*. Nicht verpassen sollten Sie das *Staatsmuseum für Frühgeschichte (1, rue du Musée | www.musee-prehistoire-eyzies.fr | Sept.–Juni Mi–Mo 9.30–12.30 und 14–17.30, Juli/Aug. tgl. 9.30–18.30 Uhr | Eintritt 5 Euro).*

Rocamadour war im Mittelalter eine viel besuchte Pilgerstätte – und ist es heute wieder

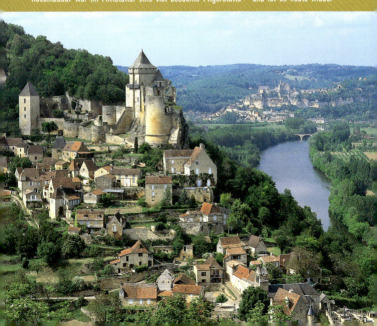

DER SÜDWESTEN

Insider Tipp

PECH-MERLE   [173 D3]

Die 1922 entdeckte Grotte mit ihren prähistorischen Wandmalereien, die ungefähr 30 km nordöstlich von Cahors liegt, ist zwar weniger bekannt als die berühmte Grotte von Lascaux, doch sie ist sie noch ein Original (in Lascaux kann man nur eine Kopie besichtigen). Kenner halten sie gar für die schönere der beiden Grotten. Der rund 1 km lange Parcours führt vorbei an der Kapelle der Mammuts, einem 3 m hohen und 7 m langen, schwarzen Fries und der Galerie der Bären, einer Decke mit Hieroglyphen und prähistorischen Fußabdrücken. *April–Okt. 9.30–12 und 13.30–17 Uhr | Eintritt 7,50 Euro | www.pech merle.com*

ROCAMADOUR ⭐   [173 D3]

Eine spektakuläre Lage, ein wundersamer Heiliger und eine schwarze Madonna machten Rocamadour (600 Ew.) berühmt. In dem kleinen Wallfahrtsort im Périgord, etwa 70 km nordöstlich von Cahors, der sich an einem schroffen Felsen wagemutig nach oben schlängelt, drängelten sich im Mittelalter oft bis zu 30 000 Pilger. Darunter waren auch viele Könige, die sich von St-Amadour, einem mysteriösen Mann, dessen unverwester Leichnam bei Grabungen gefunden worden war, und von der schwarzen Jungfrau Notre-Dame-de-Rocamadour Linderung ihrer Leiden erhofften. Im Glaubenskrieg wurde die Kirche zerstört, nur die Jungfraufigur und die Kirchenglocke blieben erhalten. Im 19. Jh. versuchten die Bischöfe von Cahors, den Ort wiederzubeleben: mit Erfolg. Heute ist er wieder eine beliebte Pilgerstätte, in der sich die Hilfesuchenden entlang der steilen Stufen der Via Sancta bis zur Basilika und der Kapelle der Jungfrau nach oben kämpfen.

Eine hübsche Unterkunft im Grünen, nicht weit vom Zentrum entfernt, bietet das Gästehaus 🔊 *Moulin de Fresquet* in Gramat *(5 Zi. | Tel. 05 65 38 70 60 | Fax 05 65 33 60 13 | €€)*.

SARLAT-LA-CANÉDA   [173 D3]

Dank des Ambientes aus mittelalterlichen Gässchen und gotischen Stadthäusern war die Stadt (10 000 Ew.) schon mehrmals Ziel von Filmteams. Doch die perfekte historische Kulisse täuscht, denn trotz ihres musealen Aussehens ist Sarlat eine sehr lebendige Stadt. Bekannt ist sie für ihre Märkte und hervorragenden Kartoffeln. Die Stadt selbst wurde durch die *Traverse*, eine Straße aus dem 19. Jh., in zwei Teile geteilt. Der westliche Teil ist eher populär, der Ostteil aristokratischer. An vielen Häusern lassen sich die architektonischen Stile ablesen: das Erdgeschoss ist aus dem Mittelalter, danach kommt eine Etage Gotik und eine Etage Renaissance. Starten Sie Ihre Besichtigung an der *Place du Peyrou* mit der Kathedrale *Saint-Sacerdos*. Für rustikale Gerichte aus der Region und den Genuss der hervorragenden Kartoffeln kehrt man in der *Auberge des Lys d'Or* ein *(17, rue Alberic Cahuet | Tel. 05 53 31 24 77 | Mi abends und Do geschl. | €€)*. Stilecht und günstig übernachten Sie im *Hôtel des Récollets (18 Zi. | 4, rue Jean-Jacques-Rousseau | Tel. 05 53 31 36 00 | Fax 05 53 30 32 62 | www.hotelrecollets-sarlat.com | € €€)*.

LOURDES

LOURDES

[172 C5] ⭐ **Die kleine Stadt (16 000 Ew.) am Fuß der Pyrenäen ist weltberühmt. Nach Rom, so sagt man in Frankreich, ist sie die zweitwichtigste Pilgerstätte der Katholiken.** 5,5 Mio. Gläubige, davon 70 000 Kranke, kommen pro Jahr nach Lourdes. Und das alles dank eines Mädchens, dem die Madonna erschien. Am 11. Februar 1858 erblickte die 14-jährige Bernadette Soubirous beim Holzsammeln die Jungfrau Maria in der Grotte des Felsens Massabielle. Es sollte nicht bei diesem einen Mal bleiben: Insgesamt 18-mal erscheint *la belle dame* der kleinen Bernadette. Seit diesen Tagen ist Lourdes durchdrungen vom Glauben und der Hoffnung vieler auf Genesung. Gerade zu Ostern und Allerheiligen ist der Ansturm besonders groß. Zur Besichtigung des Orts parken Sie das Auto am besten am Ufer der Gave oder auf kostenpflichtigen Parkplätzen. Nicht nur Gläubige, sondern auch Wanderer kommen in Lourdes auf ihre Kosten: Dank der perfekten Lage am nördlichen Ausläufer der Pyrenäen eignet sich die Stadt als Ausgangsort für Wanderungen ins Gebirge.

SEHENSWERTES

BASILIKA NOTRE-DAME DU ROSAIRE

Die Kirche ist eine der meistbesichtigten Stätten in Lourdes und „weltweites Symbol der Brüderlichkeit zwischen den Menschen". Die Rosenkranzbasilika ist im romanisch-byzantinischen Stil erbaut und berühmt für ihre Mosaiken mit einer Gesamtfläche von 2000 m². *1, avenue Monseigneur Théas*

GROTTE

Die Grotte mit ihrer heilbringenden Quelle und den Bädern, die Krypta,

Lourdes ist immer noch der meistbesuchte Wallfahrtsort der Welt

DER SÜDWESTEN

die über der Grotte befindliche obere *Basilique de l'Immaculée Conception* und die unterirdische Basilika *Saint-Pie-X* sind von 5 Uhr morgens bis Mitternacht geöffnet, Eintritt frei *(www.lourdes-france.org)*.

MUSÉE GRÉVIN DE LOURDES
In dem Wachsfigurenkabinett wurde das Leben der Bernadette nachgestellt. *87, rue de la Grotte. | tgl. April bis Oktober 9–12 und 13.45–18.30, So ab 10 Uhr, Mitte Juli–Aug. durchgängig | Eintritt 6 Euro*

■ ESSEN & TRINKEN
LE MAGRET
Rustikales Ambiente mit alten Stühlen und altem Kachelboden. Die Küche des Hauses ist traditionell. *10, rue des Quatre-Frères-Soulas | Tel. 05 62 94 20 55 | Mi geschl. | €€*

■ ÜBERNACHTEN
GRAND HÔTEL DE LA GROTTE
Traditionsreiches Haus direkt neben den Pilgerstätten. *83 Zi. | 66, rue de la Grotte | Tel. 05 62 94 58 87 | Fax 05 62 94 20 50 | www.hotel-grotte.com | €€€*

Insider Tipp LES ROCAILLES
Günstig, aber ein bisschen entfernt liegt das recht hübsch dekorierte Gasthaus im 4 km entfernten *Omex*. *3 Zi. | Tel. 05 62 94 46 19 | Fax 05 62 94 33 35 | €€*

■ ZIELE IN DER UMGEBUNG
LA BIGORRE & PIC DU MIDI DE BIGORRE ☀ [172 C5]
Im Herzen der großen Pyrenäen liegt diese wilde Region aus Tälern und Bergen, durchdrungen von Gebirgsbächen, Bergseen und traumhafter Wald- und Wiesenlandschaft. Touristisches Highlight ist der auf 2877 m Höhe gelegene Gipfel Pic du Midi de Bigorre mit seinem Panorama über die Gebirgskette der Pyrenäen. Wer nicht laufen will, kann die Seilbahn an der Station *La Mongie* nehmen.

Übernachten können Sie hier in einem Herrenhaus aus dem 19. Jh., das auch über einen Swimmingpool verfügt: im *Hôtel Trianon (30 Zi. | 1, place des Thermes | Bagnères de Bigorre | Tel. 05 62 95 09 34 | Fax 05 62 91 12 33 | http://pagesperso-orange.fr/hotel.trianon/ | €)*.

PAU [172 B5]
Die Verwaltungsstadt 25 km nordwestlich von Lourdes (80 000 Ew.) des Departements Pyrénées-Atlantiques ist bekannt als Geburtsort von Henri IV. Die Gebirgskette ist nur 50 km von Pau entfernt und verleiht der eleganten Stadt ein Panorama, das man sehr schön vom ☀ *Boulevard des Pyrénées* aus bewundern kann. Direkt hier befindet sich auch die *Place Royale*, die sich als Startpunkt für einen Rundgang durch die Altstadt von Pau und das alte Handwerkerviertel *Hédas* eignet. Nicht weit entfernt liegt das *Château*, hoch über dem Fluss Gave. Es stammt aus dem 14. Jh., hat aber seinen Festungscharakter im Zug ständiger An- und Umbauten verloren. Die letzte große Veränderung wurde unter Louis-Philippe und Napoleon III. im 19. Jh. vorgenommen – mit entsprechend üppigem Dekor in den Appartements. Höhepunkte sind dort die Gobelinsammlung und das Schlafzimmer von Kaiserin Eugénie (*tgl. Mitte Juni bis*

PÉRIGUEUX

Mitte Sept. 9.30–12.30 und 13.30 bis 18.45, sonst 9.30–11.45 und 14–17 Uhr | Eintritt 5 Euro | www.musee-chateau-pau.fr). Über ganz traumhaft eingerichtete Zimmer in einem alten Herrenhaus verfügt das 🔊 *Hôtel Montpensier (22 Zi. | 36, rue Montpensier | Tel. 05 59 27 42 72 | Fax 05 59 27 70 95 | www.hotel-montpensier-pau.com | €€–€€€).*

Insider Tipp

SAINT-BERTRAND DE-COMMINGES   [172 C5]

Der Welt entrückt, liegt der kleine Ort (250 Ew.) rund 70 km östlich von Lourdes in einer wunderschönen Landschaft. Obwohl St-Bertrand-de-Comminges mit seinen mittelalterlichen Stadtmauern, den alten Gemäuern und kleinen Gassen voller Kunsthandwerkbetriebe selbst schon einen Besuch wert ist, kommen die meisten Touristen wegen der Kathedrale *Sainte-Marie.* Ihr Kreuzgang und die Holzarbeiten am Chor sind bemerkenswert. *Mo–Sa Mai–Sept. 9–19, sonst 10–12 und 14–17 Uhr | die Besichtigung ist teilweise kostenpflichtig*

VALLÉE D'OSSAU   [172 B-C 5–6]

Das teilweise zum Nationalpark der Pyrenäen zählende Tal, 50 km südlich von Pau, ist mit seinen spiegelklaren Seen, Wasserfällen, Gebirgsbächen und Berggipfeln ein Traum für alle Wanderer. Den besten Blick haben Sie vom 🌟 *Haut Ossau* und vom Gipfel *Pic de la Sagette.* Informationen unter *www.valleedossau.com* oder bei der *Maison du Parc National des Pyrénées (avenue de la Gare | Laruns | Tel. 05 59 05 41 59 | Fax 05 59 05 43 09).*

PÉRIGUEUX

[172 C3] **Die Hauptstadt der Dordogne (64 000 Ew.) bezaubert durch mittelalterliche Sträßchen und reiche Renaissancefassaden.** Ein Spaziergang durch die Altstadt beginnt beim Fremdenverkehrsamt *(26, place Francheville).* Nach einem Panormablick von der 🌟 *Tour Mataguerre* führt der Weg durch das alte Handwerkerviertel *Saint-Front* und durch die *Rue des Farges* bis zur *Cathédrale Saint-Front,* die heute zum Unesco-Kulturerbe zählt. Ihren Ursprung hat die Kirche im 6. Jh. Sie wurde immer weiter ausgebaut und zählt heute fünf Kuppeln. Einen wunderbaren Blick auf das mächtige Kirchenensemble bietet die *Place de la Clautre* . Neben der reichen Architektur ist Périgueux vor allem für seine Esskultur bekannt. Einkehren sollten Sie in *Le Clos Saint-Front,* einem Restaurant mit herzhafter Küche und kleinem Garten *(5–7, rue de la Vertu | Tel. 05 53 46 78 58 | So abends und Mo geschl. | €).* Eine zentral gelegene Übernachtungsmöglichkeit bietet das Hotel 🔊 *Bristol (29 Zi. | 37–39, rue Antoine-Gadaud | Tel. 05 53 08 75 90 | www.bristolfrance.com | €€).*

Insider Tipp

■ ZIELE IN DER UMGEBUNG ■

CHÂTEAU DE HAUTEFORT   [173 D2]

Das imposante Schloss rund 40 km westlich von Périgueux ist nicht zu verfehlen. Es dominiert weithin die Landschaft. Auf den Grundmauern einer Burg aus dem 9. Jh. wurden in den folgenden Jahrhunderten weitere Gebäude ergänzt und 1929 schließlich auch ein französischer Garten angelegt. *Tgl. Juni–Sept. 9.30–19,*

> **www.marcopolo.de/frankreich**

DER SÜDWESTEN

April–Mai 10–12.30 und 14–18.30, März und Okt.–Mitte Nov. 14–18 Uhr | Eintritt 8,50 Euro | www.chateau hautefort.com

LASCAUX [173 D3]

Die berühmten Grotten von Lascaux 70 km nordöstlich von Périgueux zeigen, dass vor 17 000 Jahren trotz eisigem Klima und spärlicher Nahrung die Menschen schon die Malerei kannten. Dieses frühgeschichtliche Zeugnis menschlicher Kunst wurde durch einen Zufall im Jahr 1940 von vier spielenden Jungs entdeckt. Doch der spektakuläre Fund war dem Massenansturm nicht gewachsen. 1963 musste die Grotte geschlossen werden, weil die Felsenmalereien zu stark gelitten hatten. Inzwischen bedroht auch Schimmel das Kulturerbe.

Besuchen können Sie heute deshalb nur Lascaux II. In der nur rund 200 m von der Originalgrotte entfernten Zweitgrotte wurden die Malereien wahrheitsgetreu nachempfunden. Die meisten Meisterwerke der rund 1500 Originalzeichnungen sind auch hier zu sehen: So die fünf schwarzen Stiere aus der Rotunde, deren viertes Tier ganze 5,50 m misst und damit die längste Figur der Altsteinzeit ist. Die Besichtigung ist nur mit Führung gestattet. Täglich werden nur 2000 Besucher zugelassen, danach richten sich die Öffnungszeiten. *Kasse in Montignac, neben der Tourismusbehörde: Place Bertran-de-Born | tgl. ab 9 Uhr, Herbst/Winter Mo und Jan. geschl. | Eintritt 12 Euro | Reservierung im Juli/Aug. wird empfohlen: Tel. 05 53 05 65 65 | Fax 05 53 06 30 94 www.semitour.com*

Berühmt für ihre Wandmalereien ist die 1940 entdeckte Höhle von Lascaux

TOULOUSE

[173 D5] ★ **Die Hauptstadt der Region Midi-Pyrénées (400 000 Ew.) und viertgrößte Stadt Frankreichs ist vielen aus der Presse rund um die Airbus-Machtkämpfe bekannt.** Seit den 1980er-Jahren hat sich Toulouse peu à peu zu einem Luft- und Raumfahrtzentrum entwickelt. 34 000 Bürger arbeiten heute in diesem Industriezweig, Air-

112 | 113

TOULOUSE

bus ist der wichtigste Arbeitgeber. Diese wirtschaftliche Entwicklung machte die Stadt zu einer Aufsteigercity, die sich heute mit modernen Bauten und einer Trambahn mehr und mehr herausputzt. Jedoch bestimmt noch immer das von roten Ziegeln geprägte Ambiente die Stadt an der Garonne, die bereits zur Römerzeit ein wichtiger Handelsknotenpunkt war. Seine Blüte hatte Toulouse im Mittelalter, unter der Dynastie des Herzogs Raimond, der mit einer Versammlung von Konsulen, sogenannten *Capitouls*, regierte. Dank des Veilchens, aus der ein bläulicher Farbstoff gewonnen wurde, hielt sich die Hochzeit bis ins 15. Jh. In dieser Zeit entstanden viele der herrlichen Bürgerhäuser, die heute die Touristen anziehen.

■ SEHENSWERTES

LES ABATTOIRS ▶▶
In diesem Museum, einer architektonischen Melange zwischen neoklassischem Industriebau und regionaler Traditionsarchitektur, hausten früher Kühe und Ziegen. Heute wird dort zeitgenössische Kunst gezeigt. Über das Ausstellungsprogramm informiert die Website *www.lesabattoirs.org*. *76, allées Charles-de-Fitte | Mi–So 11–19 Uhr | Eintritt 7 Euro*

ALTSTADT
Von der belebten *Place du Capitole* zweigt die mit Boutiquen gesäumte Fußgängerzone *Rue St-Rome* ab, die wenig später in die *Rue des Changes* übergeht. Entlang der Straßen stehen bemerkenswerte Häuserfassaden aus dem Mittelalter und der Renaissance

Die Place du Capitole bietet schöne Plätze zum Ausruhen

> *www.marcopolo.de/frankreich*

DER SÜDWESTEN

sowie schöne Bürgerhäuser. An der *Place Esquirol* führt rechts die *Rue de Metz* zur ❋ Pont Neuf, der schönsten Brücke von Toulouse.

BASILIQUE SAINT-SERNIN
Die Basilika am gleichnamigen Platz gehört zu den schönsten und reichsten romanischen Kirchen Südfrankreichs. Sie ist vor allem auch wegen ihrer Reliquien bekannt, die von Karl dem Großen angeschafft wurden. Ihr achteckiger und fünfstöckiger Turm überragt weithin die Stadt.

CAPITOLE
Das Rathaus der Stadt hat seinen Namen aus dem „Capitoulat", das im Mittelalter den reichen Kaufleuten den Zugang zum Adel ermöglichte. Jedoch stammt das Gebäude mit seinen ionischen Säulen selbst aus dem 18. Jh. Dank seiner Länge von 128 m dominiert das Capitole weithin den gleichnamigen Platz, der mit seinen Arkaden, Bars und Restaurants das lebendige Zentrum der Stadt bildet.

HÔTEL D'ASSÉZAT
Ohne Zweifel ist dieses Stadtpalais das vornehmste und schönste der Stadt. Erbaut nach den Plänen von Nicolas Bachelier von 1555–1557 im Renaissancestil, beherbergt es heute neben anderen die Kunstsammlung *Fondation Bemberg*. Den Architekten selbst ereilte ein schweres Schicksal. Nachdem er zum Protestantismus übergetreten war, verarmte er und musste ins Exil flüchten. *Place d'Assézat | Di–So 10–12.30 und 13.30–18, Do bis 21 Uhr | Eintritt 5 Euro | www.fondation-bemberg.fr*

MÉTRO LINIE B
Insider Tipp

Die erst Ende Juni 2007 eingeweihte und lang ersehnte zweite Metrolinie der Stadt durchkreuzt Toulouse und hält an 20 Stationen. Jede der neuen Haltestellen wurde von einem zeitgenössischen Künstler ausgestaltet, darunter so berühmte wie Sophie Calle oder Patrick Corillon. Man steigt sozusagen in einem Kunstwerk ein und aus. Infos: *www.tisseo.fr*

▓ ESSEN & TRINKEN ▓▓▓▓
AU COIN DE LA RUE
Wie der Name signalisiert, handelt es sich hier um ein typisches französisches Eckbistro; gutes Preis-Leistungs-Verhältnis. *2, rue Pargaminières | Tel. 05 61 21 99 45 | www.au-coin-de-la-rue.com | kein Ruhetag | €*

BRASSERIE DE L'OPÉRA
Der Ort zum Sehen und Gesehenwerden. In der eleganten Brasserie sitzen und essen Sie stilvoll. *1, place du Capitole | Tel. 05 61 21 37 03 | www.brasserieopera.com | kein Ruhetag | €€€*

▓ EINKAUFEN ▓▓▓▓▓▓▓
Das Veilchen ist das Emblem der Stadt. Einst importiert von einem französischen Soldaten, wurde aus des Blume später ein Exportartikel: Im 20. Jh. versandte Toulouse jedes Jahr 600 000 Sträuße in die Welt. In Andenken an diese wichtige Historie können Sie in der *Maison de la Violette*, einem zu einem Geschäft umgebauten Hausboot, alles rund ums Veilchen kaufen: Parfüm, Seifen, Liköre, Naschwerk. *2, boulevard de Bonrepos | Canal du Midi | Tel. 05 61 99 01 30*

TOULOUSE

■ ÜBERNACHTEN

Insider Tipp
HÔTEL LES BAINS-DOUCHES
Nagelneues Designhotel im historischen Zentrum der Stadt mit puristischen, durchgestylten Zimmern mit allem Komfort. *22 Zi. | 4 und 4 bis, rue du Pont Guilheméry | Tel. 05 62 72 52 52 | Fax 05 34 42 09 98 | www.hotel-bainsdouches.com | €€€*

HÔTEL BEAUSÉJOUR
Das einfache und saubere Hotel besticht mit einer familiären Ausstrahlung. *10 Zi. | 4, rue Caffarelli | Tel./Fax 05 61 62 77 59 | €*

■ AM ABEND

L'APERO
Insider Tipp
Schickes Ambiente mit Terrasse, Weine aus der ganzen Welt, 80 verschiedene Cocktails; ab 19 Uhr DJ-Musik. *21, boulevard de Strasbourg | Tel. 05 61 22 87 02*

LE PURPLE
Bar und Nachtclub mit schönem Dekor, schönen Gästen und viel Elektromusik. Wer nicht vor der Tür Schlange stehen will, kommt vor 2 Uhr nachts. *2, rue Castellane | Tel. 05 62 73 04 67 | www.le-purple.com*

■ AUSKUNFT

OFFICE DE TOURISME
Donjon du Capitole | Tel. 05 61 11 02 22 | Fax 05 61 23 74 97 | www.toulouse-tourisme.com

■ ZIELE IN DER UMGEBUNG

ALBI [173 E4]
Die rötlichen Ziegelsteine der Gebäude, das smaragdgrüne Wasser des Flusses Tarn und die begrünten Terrassen verleihen der Ortschaft

(50 000 Ew.) 80 km nordöstlich von Toulouse italienisches Flair. Die schöne Geburtstadt von Henri de Toulouse-Lautrec (1864–1901) hat ihren Ursprung in der Römerzeit. Ein Highlight ist die ★ *Cathédrale Sainte Cécile:* Zwei Jahrhunderte dauerte der Bau der festungsartigen Kirche. Sehenswert im Innern sind die Kanzel aus 96 Figuren und das Gemälde „Das jüngste Gericht". Vom Platz vor der Kathedrale startet ein Rundgang durch das alte Albi, der auch am Geburtshaus von Toulouse-Lautrec *(Hôtel du Bosc)* vorbeiführt. Mehr über den Maler erfahren Sie im *Musée Toulouse-Lautrec (Palais de la Berbie | Nov.–Feb. Mi–Mo 10–12 und 14–17, März und Okt. bis 17.30, April–Juni und Sept. tgl. bis 18, Juli/Aug. tgl. 9–18 Uhr| Eintritt 5,50 Euro | www.musee-toulouselautrec.com)*, das mehr als 1000 Werke zeigt. Günstig übernachten Sie im sehr hübschen *Hôtel Regence*

Insider Tipp

> *www.marcopolo.de/frankreich*

DER SÜDWESTEN

Moissac: Der Kreuzgang der im 7. Jh. gegründeten Abtei stammt aus dem 12. Jahrhundert

George V (10 Zi. | 29, avenue du Marechal Joffre | Tel. 05 63 54 24 16 | Fax 05 63 49 90 78 | www.laregence-georgev.fr | €).

AUCH [172 C5]

Die Verwaltungsstadt der Gascogne (25 000 Ew.), 78 km westlich von Toulouse, lädt mit ihren engen, mittelalterlichen Gässchen namens *les Pousterelles* zum Flanieren ein. Wichtigste Sehenswürdigkeit ist die Kathedrale *Ste-Marie* mit ihren wunderschönen Kirchenfenstern und dem Chorgestühl. Essen mit Blick auf die Kirche bietet das rustikal-einfache Restaurant *La Table d'Hôtes (7, rue Lamartine | Tel. 05 62 05 55 62 | So und Mi geschl. | € – €€).*

CORDES-SUR-CIEL [173 D4]

Weithin sichtbar, dominiert die mittelalterliche Stadt (1000 Ew.) das Tal von Cérou, 90 km nordöstlich von Toulouse. Ihre große Anzahl von gotischen Bürgerhäusern aus dem 14. Jh. ist beeindruckend. Die schönsten sind die *Maison du Grand Fauconnier*, in der heute das Rathaus untergebracht ist, und die *Maison du Grand Veneur*. Die Altstadt ist Fußgängerzone. **Parken können Sie umsonst** beim *Parking Tuileries,* unterhalb der Stadt. `[Insider Tipp]`

MOISSAC [173 D4]

Die Stadt (1300 Ew.) 70 km nördlich von Toulouse ist wegen ihrer Abtei berühmt. Sie gilt als eine der schönsten im Südwesten Frankreichs. Das Haupttor von 1130 ist ein Meisterwerk der Romanik und zeigt in den Reliefs über dem Türsturz Szenen aus der Apokalypse. Ein weiteres Highlight ist der Kreuzgang, dessen Leichtigkeit der Arkaden bemerkenswert ist. Eintritt über das Fremdenverkehrsamt. *Juli–Aug. 9–19, sonst 10–12 und 14–17, Sept. bis 18 Uhr | | Eintritt 6 Euro*

> NATURSCHÖNHEIT MIT VIELEN GESICHTERN

Von den Alpen bis zum Mittelmeer – eine Berg- und Talfahrt durch Frankreichs beliebteste Ferienregionen

> Hohe Berge, tiefe Schluchten, ewiges Eis und brennende Hitze, schneeweiße Gipfel und azurblaues Meer – der Südosten Frankreichs vereint wie keine andere Ecke des Landes Gegensätze.

Die Regionen Rhône-Alpes, Provence-Alpes-Côte-d'Azur und Languedoc-Roussillon sind eine vom Wetter verwöhnte und von der Natur reich beschenkte Gegend mit traumhaften Landschaften, die jedes Jahr Millionen von Besuchern anlocken.

Allein 9 Mio. Menschen reisen jährlich an die Côte d'Azur – auf der Suche nach Sonne, Strand, Meer, hübschen Dörfern und gutem Essen. Zwischen Menton und Toulon tummeln sich zahlreiche Badeorte und nicht weniger als 35 Sternerestaurants und andere ausgezeichnete Adressen. Die schöne Küste mit ihren Kieselstränden im Osten und den weißen Sandstränden und Inseln im Westen gilt deshalb nicht nur als schickes

Bild: Lavendelfelder in der Provence

DER SÜDOSTEN

Erholungs-, sondern auch als Feinschmeckerparadies.

Weniger schick, aber ebenso paradiesisch ist das Hinterland mit seinem landschaftlichen Farbenspiel aus lilafarbenen Lavendelfeldern, grünen Olivenhainen und – nicht zu vergessen – den weiten Rosenfeldern von Grasse. In der Parfümstadt beginnt die *Route Napoléon*, auf der 1815 der große Feldherr nach dem Exil auf Elba gen Norden zog, um die Macht zurückzugewinnen. Wer auf seinen Spuren wandern will, den führt die heutige Nationalstraße 85 bis nach Grenoble, dem Zentrum der französischen Alpen. Die Stadt ist umgeben von berühmten Skiorten wie Val d'Isère, Chamonix oder Megève und ebenso berühmten Gipfeln, allen voran der Mont Blanc, der mit 4807 m höchste Berg der Alpen.

Vom Berg ins Tal führt ein bisschen weiter nördlich die Rhône, die in

ANNECY

Lyon mit der Saône zusammentrifft und dann als Strom gen Süden fließt, vorbei an berühmten Orten wie Avignon und Arles, bis sie in der Camargue ins Mittelmeer mündet. Östlich der Rhône liegt die zarthügelige Landschaft der Provence mit den Tempeln in Nîmes und mittelalterlichen Festungen in Carcassonne, zwischen Jetset in Saint-Tropez und Hightech in Nizza, zwischen Wandern in den Savoyen und Surfen auf den Hyèrischen Inseln, zwischen ruppiger Bergmentalität, provenzali-

In Chamonix-Mont-Blanc kommen Wintersportler voll auf ihre Kosten

hübschen Bergdörfern des Luberon und den Städten Aix-en-Provence und Marseille. Westlich des Stroms die Ardèche, die Cevennen und die Küstenregion des Languedoc-Roussillon, die sich bis zur spanischen Grenze erstreckt und zahlreiche galloromanische Sehenswürdigkeiten sowie traumhafte Strände zu bieten hat.

Wer den Südosten erkunden will, hat so die Wahl zwischen römischen schem Müßiggang oder charmanter Borniertheit an der Côte d'Azur.

ANNECY

[175 E2] **Die Hauptstadt (52 000 Ew.) des Hoch-Savoyen ist die Partnerstadt von Bayreuth. Das passt:** Gelegen an einem traumhaften See, erinnert der hübsche Luftkurort mit seinen kleinen Brücken, Arkadenhäusern in der *Rue*

> www.marcopolo.de/frankreich

DER SÜDOSTEN

Sainte-Claire und den pittoresken Fußgängerzonen in der Altstadt an oberbayerische Orte im Voralpengebiet. Annecy ist nicht nur ein gutes Ziel für Erholungssuchende, Wanderer und Wassersportler, sondern auch idealer Ausgangspunkt für Touren in die nahe Gebirgsregion. Zentral, nicht weit vom See und in frisch renovierten Zimmern wohnen Sie im *Hôtel du Nord (30 Zi. | 24, rue Sommeiller | Tel. 04 50 45 08 78 | Fax 04 50 51 22 04 | www.annecy-hotel-du-nord.com | €€).*

■ ZIELE IN DER UMGEBUNG ■

CHAMONIX-MONT-BLANC   [175 E2]

Der renommierte Skiort (9500 Ew.), 96 km östlich von Annecy kann auf eine lange Skitradition bis ins 18. Jh. zurückblicken. Hier fanden unter anderem 1924 die olympischen Winterspiele statt. Im Gegensatz zu anderen, recht hässlichen französischen Skiorten aus Beton hat sich Chamonix den Charme eines Alpendorfs bewahrt. Die Lage ist spektakulär: Das Tal ist umgrenzt von hoch aufragenden Gebirgszügen; im Süden thront der mit 4807 m höchste Berg Europas, der ★ *Mont Blanc*, im Norden der Naturpark der *Aiguilles-Rouges*. Rund 125 km² Gletscher gibt es rund um Chamonix, die ▶▶ Pisten sind anspruchsvoll und ein Eldorado für Freestyler. Wanderer erfreuen sich im Sommer an den Zielen *Mer de Glace*, einem 7 km langen Eisstrom, und ☀ *Aiguilles du Midi*, von deren Spitze auf 3842 m Höhe das Panorama bis zum Matterhorn reicht. Bezahlbare Zimmer mit Blick auf den Mont Blanc hat das *Hôtel les Crêtes Blanches (30 Zi. | 16, impasse du Génépy | Tel. 04 50 53 05 62 | Fax 04 50 53 67 25 | www.cretes-blanches.com | €€).*

EVIAN-LES-BAINS   [175 E1]

Das Mineralwasser kennen alle, den Ort (7000 Ew.) nur wenige. Der Kurort nahe dem Genfer See, 87 km

MARCO POLO HIGHLIGHTS

★ **Mont Blanc**
Von wo man ihn auch betrachtet, der Berg ist eine Sensation (Seite 121)

★ **Avignon**
Die Brücke ist vielbesungen, der Papstpalast berühmt (Seite 123)

★ **Carcassone**
Eine der besterhaltenen Festungsstädte Europas (Seite 128)

★ **Gorges du Tarn**
Spektakuläre Natur vom Feinsten in den Cevennen (Seite 130)

★ **Lyon**
Frankreichs drittgrößte Stadt bietet weit mehr, als man denkt (Seite 131)

★ **Plateau de Valensole**
Einer der schönsten Orte, um die Lavendelblüte zu erleben (Seite 132)

★ **Calanques**
Die schneeweißen Felsen sind einzigartig auf der Welt (Seite 135)

★ **Nizza (Nice)**
Eine Großstadt am Meer, wie man sie liebt: sonnig, schick, schön (Seite 138)

120 | 121

ARDÈCHE

nordöstlich von Annecy, hat ein angenehmes Klima, eine schöne Seepromenade, ein Kasino und zahlreiche Thermalquellen im *Parc Thermal*. Rustikales Ambiente und regionale Küche genießen Sie im *Le Campagnard (1 ter, avenue Anna de Noailles | Tel. 04 50 74 90 40 | So abends geschl. | €€)*.

ARDÈCHE

[174 C4] **Der Fluss, der im Zentralmassiv entspringt, gibt dem Departement seinen Namen und sein Aussehen.** Tief hat sich der Lauf in das Karstgestein gefressen. Sehenswert ist am Oberlauf *Le Pont du Diable* (die Teufelsbrücke) bei Thueyts. Im Mittellauf zwischen *Aubenas* und *Ruoms* fließt der Fluss durch ein relativ breites Tal, das sich auch für Wanderungen eignet.

Insider Tipp Die berühmte Schlucht Gorges de l'Ardéche kommt später. Sie liegt zwischen den Orten *Vallon-Pont-d'Arc* (mit der sagenhaften natürlichen Brücke) und *Saint-Martin-d'Ardèche* und ist ein Paradies für Kajak- und Kanufahrer. Einfache Übernachtungsmöglichkeiten mit Schwimmbad finden Sie zum Beispiel in *Vallon-Pont-d'Arc* im Hôtel *Clos des Bruyères (32 Zi. | Route des Gorges | Tel. 04 75 37 18 85 | Fax 04 75 37 14 89 | www.closdebruyeres.fr | €€)*.

ARLES

[174 C5] **Über der Stadt (50 000 Ew.) links der Rhône herrscht immer blauer Himmel, so heißt es.** Der Mistral weht die Wolken weg und lässt die Sonne auf die alten Steine strahlen, von denen es in Arles so einige gibt. Von 2000 als Monumente ausgezeichneten Gebäuden stehen sieben unter dem Schutz der Unesco. Gegründet von den Galliern, kamen alsbald die Römer und hinterließen ihre Spuren, die heute die Stadt zum Sightseeing-Spot machen. Arles hat ein antikes Theater, Thermen, ein Kryptoportikus und vor allem eine *Arena*, in der einst 215 000 Menschen Platz fanden und die heute auch als Stierkampfarena fungiert *(tgl. Mai–Sept. 9–19, Okt., März und April bis 18 Uhr |*

Das römische Amphitheater ist das größte antike Gebäude in Arles

DER SÜDOSTEN

Eintritt 6 Euro). Wer sich für Fotografie interessiert, sollte zwischen Juli und September zu den *Rencontres* nach Arles fahren. Das ▶▶ Fotofestival verwandelt die Stadt in eine Openair-Fotoausstellung (Informationen bekommen Sie unter *www.rencontres-arles.com*). Eine sehr hübsche Unterkunft einen Steinwurf vom Amphitheater entfernt ist das Hôtel du Amphithéatre *(28 Zi. | 5/7, rue Diderot | Tel. 04 90 96 10 30 | Fax 04 90 93 98 69 | www.hotelamphitheatre.fr | €–€€€).*

ZIELE IN DER UMGEBUNG

LES BAUX-DE-PROVENCE [175 D5]

Die mittelalterliche Burgruine etwa 15 km nordöstlich von Arles, die sich weithin sichtbar auf einem frei stehenden Felsplateau erhebt und teilweise in den Felsen hineingebaut wurde, gehört fast schon zum Pflichtprogramm für Provence-Reisende – vor allem auch wegen des sagenhaften Panoramablicks über Aix-en-Provence und die Cevennen. *Frühling 9–18.30, Sommer bis 20.30, Herbst 9.30–18, Winter 9.30–17 Uhr | Eintritt 7,70 Euro | www.chateau-baux-provence.com*

CAMARGUE [174–175 C-D5]

Der Nationalpark wird im Norden von Arles, im Süden vom Mittelmeer und im Osten und Westen von Flussarmen der Rhône begrenzt. Auf 750 km^2 Weideland, Sanddünen und Moor leben die berühmten weißen Wildpferde, rosa Flamingos und schwarzen Stiere. Eine wirtschaftliche Nutzung des Parks ist nur zum Reisanbau und als Weideland erlaubt. Diese strengen Schutzmaßnahmen machen die Gegend so wildromantisch, dass sie jedes Jahr viele Touristen anzieht. Um die Camargue vor menschlichen Eingriffen zu schützen, ist Fotografieren nur von der Straße aus gestattet. Querfeldeintouren sind verboten *(www.parc-camargue.fr).*

AVIGNON

[175 D5] ★ Dass die Stadt am östlichen Rhoneufer (160 000 Ew.) eine Brücke hat, weiß fast jeder dank des französischen Volkslieds „Sur le Pont d'Avignon". Doch dass die Brücke nur zur Hälfte über den Fluss führt und sie zum Weltkulturerbe gehört, ist weniger bekannt. Unter dem Schutz der Unesco steht auch der berühmte Papstpalast, das Wahrzeichen der Stadt. Avignon zählt 300 Sonnentage im Jahr, und deswegen sollten Sie bei der Visite auch genügend Zeit für Pausen auf den Terrassen einplanen.

SEHENSWERTES

ALTSTADT

Vieux Avignon ist sehr gut erhalten und lädt mit vielen Gässchen zum

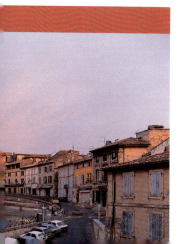

122 | 123

AVIGNON

Flanieren ein. Auch die alten Stadtmauern und die Kathedrale *Notre-Dame-des-Doms* lohnen einen Besuch.

PALAIS DES PAPES

Von 1309 bis 1377 war nicht Rom, sondern Avignon Sitz des Papstes. Clemens V. war der erste, der aus Machtgründen um die französische Vorherrschaft in die Provence umzog, ihm folgten sechs weitere Päpste. Dieser als avignonesisches Papsttum in die Geschichte eingegangenen Epoche verdankt die Stadt den mächtigen Palast direkt am Flussufer, der vor allem von Clemens VI. ausgebaut wurde. Der verschwenderische Nepotismus der geistlichen Herrscher schlägt sich in der Architektur nieder:

>LOW BUDGET

> Lyon: Die City Card ermöglicht freien Eintritt in Museen, kostenlose Fahrt in den öffentlichen Verkehrsmitteln und zahlreiche andere Ermäßigungen. Vorbestellung wird empfohlen unter *www.de.lyon-france.com*, die Karte bekommen Sie dann im Fremdenverkehrsamt.

> Provence: Günstiger als Einzelkarten für die römischen Sehenswürdigkeiten ist ein Kombiticket für *Orange* (Antiktheater), *Nîmes* (römische Stätten) und das *Château des Beaux de Provence* für 19 Euro. Weitere Infos unter *www.theatre-antique. com*

> Fréjus: Die Innenstadt ist weitgehend für Autos gesperrt. Umsonst parken können Sie am *Parking du Clos de la Tour.*

Der Palast gilt als größtes gotisches Bauwerk und wurde in Rekordtempo errichtet. Sehenswert sind der Ehrenhof, der Audienzsaal im *Palais Neuf* und das *Palais Vieux* (*Nov.–März 9.30–17.45/18.30, April–Juni und Mitte Sept.–Okt. 9–19, Juli–Festivalende und Anf.-Mitte Sept. bis 20, Festivalende-Aug. bis 21 Uhr | Eintritt ab 8,50 Euro | 6, rue Pente Rapide | www.palais-des-papes. com*). Das Kunst- und Theaterfestival (s. Öffnungszeiten) mit seinen rund 40 Produktionen findet jedes Jahr im Juli statt, Informationen unter *www. festival-avignon.com*.

LE PONT SAINT-BÉNEZET

Dies ist die im Volkslied besungene Brücke. Eigentlich handelte das Lied ursprünglich vom Rotlichtviertel unter der Brücke, nicht von ihr selbst. Erbaut im 12. Jh., wurde sie bereits 1226 zerstört. Der Wiederaufbau mit 22 Bögen hielt etwas länger. Im 17. Jh. schwemmte die Rhône bei einem Hochwasser einen Teil weg. *Öffnungszeiten siehe Papstpalast*

■ ESSEN & TRINKEN ■

D'ICI D'AILLEURS

Freundlich-helles Restaurant mit regionaler Küche. *4, rue Galante | Tel. 04 90 14 63 65 | So geschl. | €*

■ ÜBERNACHTEN ■

HÔTEL LE SPLENDID

In einer ruhigen Fußgängerzone gelegenes, sehr geschmackvoll eingerichtetes Haus mit einem guten Preis-Leistungs-Verhältnis. *21 Zi. | 17, rue Agricol-Perdiguier | Tel. 04 90 86 14 46 | Fax 04 90 85 38 55 | www.avignon-splendid-hotel.com | €*

DER SÜDOSTEN

Der mächtige Papstpalast ist eine der größten Burgen des 14. Jahrhunderts

■ AM ABEND ■
Wo Tanzen gehen in Avignon? Auf oder unter der Brücke? Oder doch besser im *Le Red Zone*, einem Nachtclub mit musikalischen Themenabenden? *25, rue Carnot | Tel. 04 90 27 02 44 | www.redzonebar. com | 21–3 Uhr*

■ AUSKUNFT ■
OFFICE DE TOURISME
41, cours Jean Jaurès | Tel. 04 32 74 32 74 | Fax 04 90 82 95 03 | www.ot-avignon.fr

■ ZIEL IN DER UMGEBUNG ■
LE LUBERON [175 D4–5]
Sich im Luberon, 40 km östlich von Avignon, niederlassen zu können, ist ein Aussteigertraum. Die hübsche Provinz auf halbem Weg zwischen Alpen und Mittelmeer besticht mit wunderschöner Landschaft und einer sehr entspannten Lebensatmosphäre. Doch die letzten Häuschen der *Villages Perchés*, wie die auf dem kleinen, sanften Hügel erbauten Dörfchen heißen, sind meist schon vergeben und luxussaniert. So bleibt vielen nur noch der Besuch als Tourist, der Halt macht zum Beispiel in *Bonnieux, Saignon, Lourmarin, Ménérbes* oder *Gordes*. Billige Übernachtungsmöglichkeiten sind hier rar, aber hübsch und bezahlbar wohnen Sie in Gordes im ⌇ *Le Gordos (19 Zi. | route de Cavaillon | Tel. 04 90 72 00 75 | Fax 04 90 72 07 00 | www.hotel-le-gordos. com | €€€)*.

ORANGE [175 D4]
Die kleine Stadt (30 000 Ew.) 32 km nördlich von Avignon ist einer der wichtigen Spots galloromanischer Stätten in der Provence: Unter dem Schutz der Unesco stehen der Triumphbogen und das Antiktheater. Letzteres gilt als das am besten

CANNES

erhaltene seiner Art in Europa. Damit das so bleibt, wurde 2006 ein Dach über der Szenenmauer errichtet (*Winter 9.30–16.30, März und Okt. bis 17.30, April, Mai und Sept. 9–18, Juni–Aug. bis 19 Uhr | Eintritt 4,50 Euro | rue Madeleine Roche*). Der Triumphbogen an der Nordseite der Stadt diente als Tor zur *Via Agrippa*, die früher Lyon mit Arles verband. Geschmackvoll übernachten Sie in der 🔊 *Mas Julien* mit Garten und Pool (*5 Zi. | Chemin St-Jean, Quartier Clavin | Tel./Fax 04 90 34 99 49 | www.masjulien.com | €€€*).

Insider Tipp

CANNES

[175 F5] ▶▶ **Wer die Côte d'Azur verstehen will, muss in Cannes (70 000 Ew.) Halt machen.** Hier werden alle Klischees lebendig, die man von der blauen Küste haben mag. Das Meer glitzert blau, die Palmen wiegen sich im Wind, die Autos sind schick und teuer, die Frauen schön und reich, die Hotels prächtige Belle-Époque-Paläste. Das einstige Fischerdorf, das dank eines englischen Lords zur City der Stars avancierte, bietet großes Theater, und das nicht nur zur Filmfestspielzeit.

■ SEHENSWERTES
CROISETTE

Die Prachtstraße mit dem Meer und Strand auf der einen und den Palästen auf der anderen Seite ist die Flaniermeile schlechthin. Über den Köpfen die Palmen, unten an der Straße die städtischen Blumenarrangements. Wer bis zur äußersten Spitze geht, entdeckt das Kreuz, das der Straße ihren Namen gab.

TOUR DU SUQUET 🔆

Von dem auf einer Anhöhe erbauten ehemaligen Wachturm und seiner Terrasse haben Sie einen traumhaften Blick über die Stadt und auf das Mittelmeer.

VIEUX PORT

Wenige Fischerboote und viele Yachten, ein charmantes Ufer mit Pastellfassaden und Handabdrücken von Stars im Boden der *Esplanade Pompidou*, in der Nähe des Filmpalasts: ein Spaziergang mit viel Abwechslung.

■ ESSEN & TRINKEN
KIOUSK ▶▶

Insider Tipp

Wenn Sie sich das schickste Hotel am Platz, das *3,14*, nicht leisten mögen, können Sie wenigstens auf einen Mittagssnack im Imbissableger des noblen Hauses einkehren. Das Kiousk ist ultramodern eingerichtet und ein beliebtes Szenelokal. *3, rue Einesy | Tel. 04 93 39 52 94 | tgl. 8–20 Uhr | €€*

■ EINKAUFEN

Die *Rue Antibes* ist *die* Einkaufsstraße in Cannes, überdies eine, wo Sie noch bezahlbare Sachen finden. Die teurere Labels finden Sie besonders auf der *Croisette*.

BOUTEILLE

Auch wenn der Name Flasche auf ein Weingeschäft schließen lässt, so stehen hier nicht edle, sondern wohlriechende Tropfen auf dem Programm. Diese auf Parfüm spezialisierte Boutique ist das Eldorado für alle Liebhaber guter Düfte. *56, rue Antibes*

> *www.marcopolo.de/frankreich*

DER SÜDOSTEN

■ ÜBERNACHTEN
HÔTEL CÉZANNE
Man kann im traditionsreichen Carlton absteigen oder sich für etwas Moderneres entscheiden. Das Hotel Cézanne ist ruhig und zentral gelegen und bietet schick designte Zimmer. *28 Zi. | 40, boulevard d'Alsace | Tel. 04 92 59 41 00 | www.hotel-cezanne.com | €€€*

■ AUSKUNFT
BUREAU PALAIS DES FESTIVAL
La Croisette | Tel. 04 92 99 84 22 | Fax 04 92 99 84 23 | www.cannes.com

■ ZIELE IN DER UMGEBUNG
ANTIBES [175 F5]
Das 13 km östlich gelegene Seebad ist noch elitärer als Cannes. Zusammen mit dem Nachbarort Saint-Juan-les-Pins vereint es auch mehr Einwohner: 70 000. Die Stadt ist schön, hat einen berühmten Yachthafen, eine alte Stadtmauer und phänomenale Villen, die sich auf der vorgelagerten Halbinsel befinden. Dort steht auch das Kulthotel *Eden Roc*, eines der teuersten Hotels der Welt, das als Vorbild für F. Scott Fitzgeralds

Prachtstraße und Flaniermeile: die Croisette in Cannes

■ AM ABEND
CASINO PALM BEACH
Die Bar des Kasinos ist Kult: Hier wurde in den 1930er-Jahren der Mythos Côte d'Azur begründet, und die Hipster tanzen noch heute ab. Am gleichnamigen Strand am Ende der Croisette fühlen Sie sich wie in den Tropen. *Place Franklin Roosevelt | www.lepalmbeach.com*

CARCASSONNE

Roman „Tender is the Night" diente. Für einen wesentlich günstigeren Crêpes kehrt man bei *Adieu Berth* ein *(26, rue Vauban | Tel. 04 93 34 78 84 | €)*. Nach dem Umbau ist das mit ein paar wichtigen Werken ausgestattete *Musée Picasso* im *Château Grimaldi* wieder offen *(tgl. Mitte Juni–Mitte Sept. 10–18, sonst 10–12 und 14–18 Uhr | Eintritt 6 Euro | www.antibes-juanlespins.com)*.

FRÉJUS/SAINT-RAPHAËL [175 E5]
Die beiden zusammengewachsenen Städte (50 000 Ew.) 20 km südwestlich von Cannes lohnen kulturell nur wenig einen Halt. Sie sind eine echte Feriendestination, die dank des langen und sanft abfallenden Sandstrands vor allem von Familien mit Kindern geschätzt wird. Das Zentrum von Fréjus, das etwas vom Meer entfernt liegt, lohnt einen Abstecher wegen seiner Altstadt und der sehr schönen Kathedrale *(Rue Fleury)*. Unten in Fréjus-Plage, ganz in der Nähe des Strands, wohnen Sie günstig im *Hôtel Oasis (27 Zi. | Impasse Jean-Baptiste-Charcot | Tel. 04 94 51 50 44 | Fax 04 94 53 01 04 | www.hotel-oasis.net | €– €€)*. Ein sehr leckeres Eis bekommen Sie direkt an der Strandpromenade *(* **Le Pinocchio** *| 489, boulevard de la Libération)*.

Insider Tipp

GRASSE [175 E-F5]
Die berühmte Parfümstadt (45 000 Ew.) 21 km nordwestlich von Cannes ist ein duftendes Erlebnis, das seine Besucher mit einem Farbenrausch zur Blütezeit in Bann zieht. Nirgendwo anders als hier sollte man ein Parfümmuseum besuchen! Das *Musée International de la Parfumerie* erklärt alles rund um die verlockenden Düfte. *8, place du Cours | www.museesdegrasse.com | Juni–Sept. tgl. 10–19, Do bis 21, sonst Mi–Mo 11–18 Uhr | Eintritt 3 Euro*

CARCASSONNE
[174 A6] ★ **Die ruhige Stadt (45 000 Ew.) über dem Tal der Aude ist wegen ihrer strategisch günstigen Lage zwischen Atlantik und Mittelmeer sowie Zentralmassiv und Spanien schon immer ein wichtiger und umkämpfter Verkehrsknotenpunkt gewesen.** Man mutmaßt, dass sie bereits im 6. Jh. v. Chr. besiedelt war, doch ihre Blütezeit hatte die Stadt im Mittelalter.

Carcassonne besteht aus zwei Teilen: Die mittelalterliche Stadt *Cité*, eine der am vollständigsten erhaltenen Festungsstädte Europas, liegt auf einem Gebirgsplateau am rechten Ufer der Aude, die Neustadt *Bastide Saint-Louis* am linken. Die Burgan-

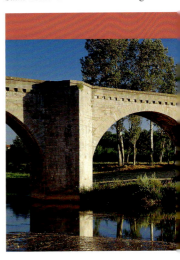

DER SÜDOSTEN

lage wurde im 12. Jh. erbaut und im 13. Jh. befestigt. Im 17. Jh. verlor Carcassonne seine strategische Bedeutung, heute ist die Stadt von der Unesco als Weltkulturerbe anerkannt und lebt vor allem von den zahlreich strömenden Touristen.

Der Eingang zur Cité ist an der *Porte Narbonnaise*, von dort beginnt eine Rundtour durch die Anlage. Sehenswert sind besonders die Burg *Château Comtal* und die Stadtmauer *(April–Sept. 9.30–18.30, Okt.–März 9.30–17 Uhr | Eintritt 8 Euro).* Die Basilika *Saint-Nazaire-et-Saint-Celse* ist die romanisch-gotische Perle der Altstadt *(tgl. Sommer 9–12 und 14–19, Winter bis 17 Uhr).* Übernachtungsempfehlung: Etwa 3 km von der Altstadt entfernt liegt das in einem Neubau geschmackvoll eingerichtete Gästehaus ⟫ *Hostellerie Saint-Martin (Hameau de Montredon | 15 Zi. | Tel. 04 68 47 44 41 | Fax 04 68 47 74 70 | www.chateau saintmartin.net | €€–€€€).*

■ ZIEL IN DER UMGEBUNG ■

NARBONNE   [174 B6]

Seine Bedeutung hat Narbonne (50 000 Ew.), 60 km östlich von Carcassonne, den Römern zu verdanken. Sie schufen aus der Durchgangsstation eine schicke Hafenstadt. Seitdem ist allerdings viel passiert: Das Meer zog sich weit zurück, ein Kanal verbindet heute Narbonne mit der Küste und dem *Canal du Midi*. Baden kann man nur noch in *Narbonne-Plage*, rund 12 km von der Stadt entfernt. Auch von der einstigen Blütezeit ist nichts mehr übrig geblieben. Zu sehen gibt es heute in der sympathischen Mittelmeerstadt neben der Kathedrale *Saintt-Just-et-Saint-Pasteur* den *Erzbischöflichen Palast (Place de l'Hôtel de Ville | April–Sept. tgl. 9.30–12.15 und 14–18, Okt–März Di–So 10–12 und 14–17 Uhr | Eintritt 5,20 Euro).* Typisch französisch essen können Sie in dem Bistro *L'Auberge des Jacobins (8, place des Jacobins | Tel. 04 68 32 27 43 | Mo geschl. | €€).*

Über die Aude gelangt man von der Unterstadt in die Cité von Carcassonne

CEVENNEN

CEVENNEN

[174 C4] **Die Gebirgsregion, berühmt für ihre Flora und Fauna, bildet den südöstlichen Ausläufer des Zentralmassivs und zieht sich über vier Departements.** Der *Mont Aigoual* ist mit 1567 m der zweithöchste Gipfel, sein umliegendes Massiv gilt als eine wichtige Wetterscheide zwischen Atlantik und Mittelmeer. Der höchste Berg der Cevennen jedoch ist der *Mont Lozère (1702 m). Sein Granitmassiv zwischen den Orten Florac, Mende, Génolhac* und *Villefort* gehört zum Nationalpark, in dem es jede Menge Wanderwege über trockene Hochplateaus und tiefe Schluchten gibt. Zentrum und Ausgangspunkt für Wanderungen ist die kleine Talstadt *Florac* (2100 Ew.). Dort befindet sich die *Maison du Parc (Château de Florac | Tel. 04 66 49 53 01 | Fax 04 66 49 53 02 | www.cevennes-parc national.fr).* Von hier aus können Sie zum Beispiel mit dem Auto, zu Fuß oder mit dem Kajak eine Tour durch die ★ *Gorges du Tarn* machen. Für die spektakuläre Canyontour entlang der tiefen Schlucht, die sich der Fluss Tarn gegraben hat, gibt es verschiedene lange Wege. Ein weiterer berühmter, mehrtägiger Wanderweg ist der *Chemin Stevenson* (GR 70), auf dem Sie den Spuren des schottischen Schriftstellers Robert Louis Stevenson folgen *(www.chemin-stevenson.org).* Die 252 km lange Tour beginnt in *Le Monastier* und endet in den südlichen Ausläufern der Cevennen, in *Saint-Jean-du-Gard.* Der Schriftsteller legte die Strecke 1878 auf einem Esel innerhalb von zwölf Tagen zurück.

Relativ moderne Übernachtungsmöglichkeiten in Florac bietet das 🛋 *Hôtel Gorges du Tarn (27 Zi. | 48, rue du Pêcher | Tel. 04 66 45 00 63 | Fax 04 66 45 10 56 | www.hotel-gorgesdutarn.com | €– €€).*

GRENOBLE

[175 D3] **Auf den ersten Blick überzeugt die Departement-Hauptstadt (400 000 Ew.) von Isère nur wenig.** Wäre da nicht das unbeschreibliche Gebirgspanorama, würde man angesichts der vielen Bausünden aus den 1970er-Jahren

Lyon: schmale Gasse in der Altstadt

DER SÜDOSTEN

am Stadtrand gleich wieder kehrtmachen. Doch in der Innenstadt stimmen eine hübsche Uferpromenade und eine pittoreske Altstadt mit Gassen, zahlreichen Restaurants und Bars versöhnlich.

Die Stadt ist dank einer wichtigen Universität und des Industriezentrums Europole sehr lebendig und international orientiert. In der Innenstadt lohnen vor allem das Familienhaus von Stendhal *(20, Grand Rue)* und das *Musée de Grenoble* mit einer stattlichen Gemäldesammlung einen Besuch *(5, place de Lavalette | www.museedegrenoble.fr | Mi–Mo 10–18.30 Uhr | Eintritt 5 Euro)*. Tolle Wechselausstellungen bietet das Magasin, ein Zentrum für zeitgenössische Kunst. *(155, cours Berriat | www.magasin-cnac.org)*. Nicht verpassen sollten Sie eine Fahrt mit der Schwebebahn *Les Bulles* hoch zur Bastille *(www.bastille-grenoble.com)* wegen des Panoramablicks über Stadt und Berge. Eine günstige, saubere Unterkunft bietet das *Hôtel des Patinoires (35 Zi. | 12, rue Marie-Chamoux | Tel. 04 76 44 43 65 | Fax 04 76 44 44 77 | www.hotel-patinoire.com | €)*.

ZIEL IN DER UMGEBUNG

COURCHEVEL [175 E3]

Der berühmte Skiort (1800 Ew.), 130 km nordöstlich von Grenoble, ist das schickste Dorf im Trois-Vallées-Tal. Im Sommer ist der Ort eine ideale Basisstation für Wanderungen, im Winter kehrt in die Hotels, Bars und Nachtclubs Leben ein. Eine noch bezahlbare und schöne Unterkunft ist das *Hôtel les Tovets (27 Zi. | Rue du Rocher | Tel. 04 79 08 03 33 | Fax 04 79 08 11 44 | www.courchevel-hoteltovets.com | €€€)*.

LYON
[175 D2] ★ Die drittgrößte Stadt des Landes (450 000 Ew.) am Zusammenfluss von Saône und Rhône ist eine reiche

Guten Appetit: Crêpes-Stand in Lyon

Stadt. Reich an Kultur, Baudenkmälern und Gourmetadressen. Die Bevölkerung ist gutbürgerlich, die Universität und das Konservatorium angesehen. Biochemie und Hightechfirmen haben die alte Druck- und Seidenindustrie abgelöst und machen Lyon heute zu einem florierenden wirtschaftlichen Zentrum. Seit ein paar Jahren ist die Stadt dabei, auch kulturell aufzuholen. Eine Kunst- und Ballett-Biennale wurde ins Leben gerufen, und auf der Fläche alter Docks entsteht einer der architektonisch wagemutigsten Museumsneubauten Frankreichs, das *Musée de Confluences*, das 2015 eröffnet werden soll.

130 | 131

LYON

■ SEHENSWERTES
ALTSTADT
Vieux Lyon ist der bekannteste Sightseeing-Spot in der Stadt. Die hübsche Altstadt auf der linken Seite der Saône ist ein Amüsier- und Flanierviertel zwischen alten Fachwerkhäusern, engen, gepflasterten Gassen und schönen Höfen aus der Renaissance. Die wichtigste Straße ist die *Rue Saint-Jean* mit der gleichnamigen Kathedrale. Den schönsten Blick haben Sie von der *Basilique Notre-Dame de Fourvière*.

CROIX-ROUSSE
Insider Tipp

Seinen Namen bekam der Hügel wegen eines roten Steinkreuzes, das vor der Revolution hier eine Wegkreuzung markierte. Heute steht das steil aufsteigende Viertel, das einst Zentrum der Seidenindustrie war, unter dem Schutz der Unesco.

MUSÉE DES BEAUX-ARTS
Das Museum der schönen Künste hat nicht nur einen wunderschönen Garten und ein schönes Gebäude zu bieten, sondern auch eine der reichsten Gemäldesammlungen Frankreichs mit Werken von Paolo Veronese, Peter Paul Rubens, Claude Monet, Paul Gauguin, Pablo Picasso und Henri Matisse. *20, place des Terreaux* | *www.mba-lyon.fr* | *Mi–Mo 10–18, Fr ab 10.30 Uhr* | *Eintritt 6 Euro*

PRESQU'ÎLE
Die Halbinsel zwischen Saône und Rhône ist gepflastert mit Plätzen. Zwei der schönsten sind die große, rechteckige *Place Bellecour* und die *Place des Terreaux* am Rathaus. Ansonsten ist die Halbinsel ein Ausgeh- und Einkaufsparadies *(Rue du Président Édouard Herriot)*.

■ ESSEN & TRINKEN
LE CAFÉ DES FÉDÉRATIONS
In Lyon muss man einfach einmal in einem typischen Bouchon gegessen haben. Dies ist einer der bekanntesten. *20, rue du Major-Martin* | *Tel. 04 78 28 26 00* | *www.lesfedeslyon.com* | *So geschl.* | €–€€

> DUFTENDE FELDER
Lavendelanbau in der Provence

In den Lavendelanbaugebieten blüht es zwischen Juni und August: violette Felder bis zum Horizont. Fünf große Zentren des Anbaus gibt es: *Drôme Provençale, Pays de Sault Mont Ventoux,* *Plateau de Valensole, Pays de Buëch* und *Pays de Forcalquier Montagne de Lure.* Was Sie sehen, ist oft kein Lavendel, sondern Lavandin, eine Kreuzung zwischen Aspic, wildem Lavendel, und echtem Lavendel. Die Hybride riecht intensiver und ist geeignet für die pharmazeutische und kosmetische Weiterverwertung. Der echte Lavendel dagegen ist öliger und weicher im Geruch. Er wird vor allem in der Parfümindustrie benutzt. Rund 70 Prozent der Weltproduktion für Lavendelöl und 90 Prozent für Lavandinöl stammen aus den vier Departements Alpes-de-Haute-Provence, Drôme, Haute-Alpes und Vaucluse.

DER SÜDOSTEN

Insider Tipp: ETS NARDONNE

Dieser Eisladen hat die größte Auswahl der Stadt. Unter anderem gibt es Tomaten-Basilikum- und Brioche-Eis, aber auch Eis mit Guinessgeschmack. *9, place Tobie Robatel*

AUSKUNFT

OFFICE DU TOURISME ET DES CONGRÈS

Place Bellecour | Tel. 04 72 77 69 69 | Fax 04 78 42 04 32 | www.lyon-france.com

Die Basilika Notre-Dame de la Garde ist auch vom Marseiller Hafen aus gut zu sehen

ÜBERNACHTEN

HÔTEL DES SAVOIES

Zentral gelegenes Hotel mit großzügigen Zimmern, teilweise renoviert. *46 Zi. | 80, rue de la Charité | Tel. 04 78 37 66 94 | Fax 04 72 40 27 84 | www.hotel-des-savoies.fr | €€*

AM ABEND

Q BOAT ▶▶

Kultclub auf einem Boot auf der Rhône und viel Elektromusik *17, quai Augagneur | So geschl.*

MARSEILLE

[175 D5] **Die Hauptstadt der Provence (800 000 Ew.) ist die älteste Stadt Frankreichs.** Gegründet wurde sie vor über 2600 Jahren von den Phöniziern. Wegen ihrer strategischen Lage am Mittelmeer war sie schon immer ein Auffangbecken für Immigranten. Ihre multikulturelle Bevölkerung und die damit verbundenen Konflikte bestimmten lange Zeit den (schlechten) Ruf. Doch inzwischen erlebt Frank-

132 | 133

MARSEILLE

reichs zweitgrößte Stadt ein Revival, auch dank des europäischen Wirtschaftsprojekts *Euroméditeranée*, das Arbeitsplätze schafft und Geld in die Stadt pumpt. Die heruntergekommenen Straßenzüge werden renoviert, die Altstadt hat sich zu einem Shoppingparadies verwandelt. Seit Sommer 2007 gibt es eine Trambahn. Das neueste Großprojekt ist das *Musée des Civilisations de l'Europe et de la Méditerranée* (kurz Mucem), das 2011 eröffnet werden soll und auf einer künstlich geschaffenen Fläche im Meer liegen wird. 2013 ist Marseille europäische Kulturhauptstadt *(www.marseille-provence2013.fr)*.

■ SEHENSWERTES

NOTRE-DAME-DE-LA-GARDE

Die Basilika hoch über Marseille ist überall in der Stadt zu sehen. Ihr Turm mit der goldenen Madonna gilt als das Wahrzeichen. Die Kirche selbst hat ihren Glanz nach sechs Jahren Restaurierung des Deckenmosaiks im Sommer 2007 wiedergefunden. Noch schöner als das Mosaik ist der Blick über Meer und Stadt, vor allem bei Sonnenuntergang.

Inside Tipp

VALLON DES AUFFES

Dieser Minihafen ist so reizend, dass man die Großstadt vergisst. Die nahe Uferpromenade *Corniche-du-Président-John-F.-Kennedy* erlaubt Traumblicke über das Meer.

VIEUX PORT

Der alte Hafen, ein mit Yachten voll gestopftes Bassin, ist das unbestrittene Zentrum der Stadt. Hier trifft man sich zu allen Tageszeiten: morgens zum Fischmarkt und abends auf einen Pastis. Die Nordseite ist relativ schmucklos. Auf der Südseite drängeln sich Bars und Restaurants entlang des dahinter zum *Palais du Pharo*, einem Kongresszentrum, aufsteigenden Felsens.

Am besten mit dem Boot zu erreichen: die Buchten der Calanques

DER SÜDOSTEN

ESSEN & TRINKEN

Insider Tipp

LA TRILOGIE DES CÉPAGES

Elegantes Restaurant mit exzellenter Weinkarte und innovativer Küche. *35, rue de la Paix Marcel Paul | Tel. 04 91 33 96 03 | So geschl. | €€– €€€*

ÜBERNACHTEN

HÔTEL HERMÈS ⟫

Kleines Hotel mit phänomenalem Blick über den alten Hafen und sehr modernen Zimmern. *28 Zi. | rue Bonneterie | Tel. 04 96 11 63 63 | Fax 04 96 11 63 64 | www.hotelmarseille. com | €€*

AM ABEND

BAR DE LA MARINE ▶▶

Eine Institution am Hafen: Hier trinkt man seinen Pastis zum Sonnenuntergang. *15, quai de Rive-neuve | kein Ruhetag*

AUSKUNFT

OFFICE DU TOURISME ET DES CONGRÈS

4, la Canebière | Tel. 04 91 13 89 00 | Fax 04 91 13 89 20 | www.marseille-tourisme.com

ZIELE IN DER UMGEBUNG

AIX-EN-PROVENCE ▶▶   [175 D5]

Die Stadt (135 000 Ew.) ist das Schickste, was das Marseiller Hinterland zu bieten hat. Hier wohnt der Reichtum. Das zeigen die herausgeputzten Alleen, die renovierten Fassaden, die zahlreich sprudelnden Brunnen, die noblen Boutiquen und feinen Restaurants. Wären da nicht die vielen Touristen und die Studenten der relativ bedeutenden Universität, würde Aix, wie man es kurz nennt, wohl in seiner Schönheit allzu beschaulich sein. Doch so herrscht

unentwegt Trubel in der kleinen Stadt, in der Paul Cézanne geboren wurde und die mit großem Pomp 2006 den 100. Todestag des berühmten Malers feierte. Sein *Atelier des Lauves* *Insider Tipp* (9, avenue Paul Cézanne | *www.atelier-cezanne.com | tgl. Okt. bis März 10–12 und 14–17, April bis Juni und Sept. bis 18, Juli/Aug. 10–18 Uhr | Eintritt 5,50 Euro*) mit Originalmöbeln und viel Atmosphäre ist einen Besuch wert. Ansonsten sollten Sie Aix eher unter freiem Himmel genießen, am prachtvollen Platz *Cours Mirabeau*, auf der intimen *Place d'Albertas* oder der *Place de l'Hôtel-de-Ville*. Einen Abstecher lohnt noch die Kathedrale *Saint-Sauveur*.

Gute Restaurantadressen gibt es etliche in Aix. Familiäres Ambiente finden Sie bei *Lauranne et Sa Maison (15, rue Victor-Leydet | Tel. 04 42 93 02 03 | So/Mo geschl. | €€).* Günstig und romantisch übernachten Sie ein bisschen außerhalb des Zentrums im ⟫ *Hôtel Le Prieuré (22 Zi. | 458, route de Sisteron | Tel. 04 42 21 05 23 | Fax 04 42 21 60 56 | http://hotel.leprieure.free.fr | €–€€).*

BANDOL/SANARY-SUR-MER   [175 D6]

Die rund 55 km südöstlich von Marseille gelegenen Badeorte bieten schöne Strände und echtes Badefeeling. In Sanary-sur-Mer fanden zu Beginn des Hitler-Regimes viele deutsche Intellektuelle ein Exil. Ein Rundweg mit Informationstafeln ermöglicht die Spurensuche.

CALANQUES ★   [175 D5]

Die schneeweiße Kalksteinformation von 28 km Länge zwischen Marseille

MONTPELLIER

und der Nachbargemeinde Cassis ist ein Naturschauspiel. Ihre schroffen Felsenbuchten sind einzigartig auf der Welt und seit 1973 geschützt. Der Wanderweg GR 98 führt an den malerischen Buchten entlang. Autos sind im Sommer verboten. Per Boot erreicht man die Calanques vom alten Hafen in Marseille aus, z. B. mit *ICARD Maritime (Quai des Belges | Tel. 04 91 33 03 29 | www.visite-des-calanques.com | ab 25 Euro).*

CORNICHE DES CRÊTES [175 D5]

Die Panoramastraße zwischen Cassis und La Ciotat ist atemberaubend und eine Herausforderung für Radler. Einen der schönsten Blicke haben Sie am  *Cap Canaille*.

MONTPELLIER

[174 C5] **Die wichtige Universitätsstadt (290 000 Ew.) und Hauptstadt der Region Languedoc-Roussillon ist von der Sonne verwöhnt, hat ein hübsches Zentrum und dank der Universität eine junge Bevölkerung.** Die alteingesessen Einheimischen sind oft ein bisschen mürrisch. Dafür haben sie eigentlich gar keinen Grund, denn die Touristen strömen, und die Wirtschaft floriert dank Medizin- und Agrartechnikfirmen im Umkreis.

■ SEHENSWERTES

ALTSTADT

Beginnen Sie Ihren Bummel durch die Altstadt am besten an der *Place de la Comédie* und durchstreifen Sie dann die mittelalterlichen Gässchen, die heute vielfach Fußgängerzonen sind. An einem Eckpunkt der Altstadt befindet sich die Kathedrale *Saint-*

Pierre, die durch ihr hoch aufragendes Portal beeindruckt. Ein anderes Ende der Altstadt bildet die *Promenade du Peyrou*. Den Platz verschönern eine Statue Ludwigs XIV. und ein tempelförmiger Wasserturm. Ein dort beginnendes Aquädukt verlängert den Platz optisch in die niedriger liegenden Stadtviertel.

ANTIGONE

Etwas von der Altstadt entfernt liegt im Osten das Neubauviertel Antigone, das vom katalanischen Architekten Ricardo Bofill im neoklassischen Monumentalstil erbaut wurde. Obwohl es sicherlich zu den gelungeneren Beispielen eines Neubauviertels in Frankreich zählt, wirkt die protzige Anlage noch ziemlich aseptisch und uncharmant.

MUSÉE FABRÉ

Frisch renoviert und sehr gelungen ist der Mix aus moderner und alter Architektur. Das Museum hat eine bedeutende Gemäldesammlung mit Werken von Peter Paul Rubens, Pous-

> *www.marcopolo.de/frankreich*

DER SÜDOSTEN

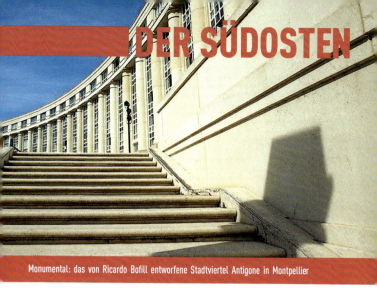

Monumental: das von Ricardo Bofill entworfene Stadtviertel Antigone in Montpellier

sin, Paolo Veronese u. a. *39, boulevard Bonne Nouvelle | Di, Do, Fr und So 10–18, Mi 13–21, Sa 11–18 Uhr | Eintritt 6 Euro*

ESSEN & TRINKEN
L'OLIVIER
Ein paar Schritte vom Komödienplatz entfernt liegt dieses kleine Restaurant mit familiärem Ambiente und leichter Küche. *12, rue Aristide-Olivier | Tel. 04 67 92 56 28 | So/Mo geschl. | €€*

ÜBERNACHTEN
HÔTEL ULYSSE
Geschmackvoll im südländischen Stil eingerichtete Zimmer, ein bisschen von der Altstadt entfernt in einem ruhigen Wohnviertel. *24 Zi. | 338, avenue de St-Maur | Tel. 04 67 02 02 30 | Fax 04 67 02 16 50 | http://hotelulysse.fr | €–€€*

ZIELE IN DER UMGEBUNG
LA GRANDE MOTTE [174 C5]
Der Badeort rund 22 km östlich von Montpellier ist der nächstgelegene Strand. Erbaut 1967 mit einem großen Yachthafen, hält sich die architektonische Schönheit des Ortes in Grenzen, doch der kilometerlange Strand entschädigt dafür.

NÎMES [174 C5]
Gelegen zwischen Camargue und Cevennen, ist die alte Römerstadt (148 000 Ew.) 50 km nordöstlich von Montpellier eines der wichtigsten Touristenziele in der Region Languedoc-Roussillon. Der Grund: In kaum einem anderen Ort in Frankreich ist das gallo-romanische Erbe so lebendig wie in Nîmes. Kaiser Augustus verwöhnte seine Lieblingsstadt mit allerlei Monumentalbauten. Aus dieser glorreichen Epoche erhalten sind das Aquädukt *Pont du Gard*, der Dianatempel, der kleine Tempel *Maison Carré*, das Augustustor, der achteckige Verteidigungsturm *Tour Magne* und natürlich die *Arena*, die einst 24 000 Menschen fasste *(Winter 9.30–17, März und Okt. 9–18, April, Mai und Sept. bis 18.30, Juni bis 19, Juli/Aug. bis 20 Uhr | www.arenes-*

136 | 137

NIZZA (NICE)

nimes.com | Kombiticket für drei Monumente 9,80 Euro). Mit ihrem historischen Erbe gehen die Einwohner locker um: Sie nutzen sie, wie die Arena, zum Stierkampf während der berühmten Feria oder setzen ihnen moderne Neubauten gegenüber. So steht der römische Tempel *Maison Carré* gegenüber dem zeitgenössischen Museum *Carré d'Art* von Sir Norman Foster *(16, place de la Maison Carrée | Di–So 10–18 Uhr | Eintritt 5 Euro).* Traditionelle Küche bester Qualität und zu bezahlbaren Preisen bietet *L'Ancien Théâtre (4, rue Racine | Tel. 04 66 21 30 75 | Sa mittags und So geschl. | €€).* Günstige Zimmer mit schönem Blick finden Sie im *Hôtel Central (15 Zi. | 2, place du Château | Tel. 04 66 67 27 75 | Fax 04 66 21 77 79 | www.hotel-central. org | €).*

SAINTES-MARIES-
DE-LA-MER   [174 C5]

Die kleine Stadt (2500 Ew.) am südlichen Ufer der Camargue ist bekannt wegen ihrer Zigeunerwallfahrten, die alljährlich Ende Mai an einem dritten Wochenende im Oktober stattfinden. Dann werden mit viel Tamtam und unter großer Anteilnahme die berühmten drei Marienstatuen und ihre schwarze Dienerin Sara durchs Dorf getragen. Der Ort eignet sich dank schöner Strände als Badeziel; auch als Basisstation für einen Urlaub in der Camargue *(s. S. 123)* bietet er sich an. Übernachten können Sie zu günstigen Preisen im sauberen *Hôtel Méditerranée (14 Zi. | 4, rue Frédéric Mistral | Tel. 04 90 97 82 09 | Fax 04 90 97 76 31 | www.mediterranee hotel.com | €€).*

NIZZA (NICE)

[175 F5] ⭐ **Die große Hafen- und Präfekturstadt (340 000 Ew.) des Departements Alpes-Maritimes liegt perfekt zwischen Gebirge und Meer.** Die geschützte Lage macht Nizza zu einem der wärmsten Orte Frankreichs. Auch im Winter gibt es kaum Frost, deswegen war und ist die Stadt ein beliebtes Überwinterungsquartier. Die klimatischen Vorteile, das Großstadtflair und die wichtige Universität (25 000 Studenten) haben auch viele Informatikunternehmen überzeugt, die sich im sogenannten Technopol-Viertel Sophia-Antipolis zwischen Nizza und Antibes angesiedelt haben. In diesem französischen Mini-Silikon-Valley sind inzwischen etwa 1300 Unternehmen beheimatet. Nicht vergessen sollte man die Bedeutung Nizzas für die Kunst: Die in den 1950er-Jahren gegründete *École de Nice* war ein Wegbereiter des neuen Realismus.

■ SEHENSWERTES ■

ALTSTADT

Farbenfroh, barock und lebendig: *Vieux Nice* ist ein buntes Gemisch aus einem schönen Hafen, schönen Plätzen wie der *Place Garibaldi* und der *Place Saint-François* und einem Schloss, von dessen 🌿 Hügel Sie einen tollen Blick über die Stadt haben. Sehenswert ist auch die *Cathédrale Sainte-Réparate (Place Rosetti)* mit schönem Barockinterieur.

MUSÉE MATISSE

Henri Matisse kam nach Nizza, um eine Bronchitis auszukurieren, und blieb bis an sein Lebensende. Hier

> **www.marcopolo.de/frankreich**

DER SÜDOSTEN

Prachtstraße: Die Promenade des Anglais wird von luxuriösen Gebäuden gesäumt

sind seine Bilder und Skulpturen ausgestellt. *164, avenue des Arènes de Cimiez | www.musee-matisse-nice.org | Mi–Mo 10–18 Uhr | Eintritt frei*

PROMENADE DES ANGLAIS
Die Uferpromenade entlang des Kieselstrands an der *Baie des Anges* verdankt ihren Namen einer englischen Kolonie. Sie ist gesäumt von prächtigen Villen wie dem *Hôtel Négresco*.

ESSEN & TRINKEN
LA TABLE ALZIARI
Das kleine Restaurant ist typisch mediterran, die Küche regional und das Olivenöl hausgemacht. *4, rue François-Zanin | Tel. 04 93 80 34 03 | So/Mo geschl. | €€*

EINKAUFEN
A L'OLIVIER
Eine sehr gute Adresse für alle, die aus Südfrankreich Olivenöl mitnehmen wollen. An der Ölbar können Sie sich durch die Geschmacksrichtungen probieren. *7, rue St-François-de-Paule | www.alolivier.com*

ÜBERNACHTEN
HÔTEL WINDSOR
Durchgestyltes Designhotel in der Nähe der Promenade des Anglais. *54 Zi. | 11, rue Dalpozzo | Tel. 04 93 88 59 35 | Fax 04 93 88 94 57 | www.hotelwindsornice.com | €€€*

AM ABEND
LIQWID LOUNGE ▶▶
Der Restaurantclub spielt die Metropolenkarte: es gibt zwei Restaurants, Bars und einen Dancefloor mit wochentags wechselnden Musikstilen. Immer montags: Champagner zum Sonderpreis. *11, rue Alexandre Mari*

AUSKUNFT
OFFICE DE TOURISME
5, promenade des Anglais | Tel. 08 92 70 74 07 | Fax 04 89 06 48 03 | www.nicetourism.com

ZIELE IN DER UMGEBUNG
CORNICHE DE LA RIVIERA [175 F5]
Rund 30 km sind es von Nizza nach Menton. Eine kurze Strecke, doch kaum eine andere an der Côte d'Azur

138 | 139

PERPIGNAN

Im Grand Canyon du Verdon

ist schöner. Hoch über der Küste verläuft die *Route Grand Corniche*.

GORGES DU VERDON [175 E5]

Der Naturpark rund 150 km nordwestlich von Nizza ist eines der beliebtesten Wanderreviere in der Provence. Über 20 km zieht sich der Canyon, den sich der Fluss Verdon bis zu 700 m tief gegraben hat. Sie können die Schlucht auf drei Arten erkunden: mit dem Auto von *Castellane* bis *Moustiers-Sainte-Marie*, zu Fuß auf dem Wanderweg GR 4 oder mit dem Kanu.

MONACO [175 F5]

Das Fürstentum (34 000 Ew.) 22 km östlich von Nizza kennt jeder dank seiner vom Schicksal geprüften Fürstenfamilie und seines Rufs als Steuerparadies. Auf knapp 2 km^2 Land an einer der schönsten Ecken der Côte d'Azur drängeln sich eng die Häuser der reichen Monegassen. Für etwas Sightseeing lohnt ein Abstecher ins Kasino und in den Fürstenpalast. Über Besichtigungen informiert das Fremdenverkehrsamt *(2 a, boulevard des Moulins | Tel. 00 37 92 16 61 16 | Fax 00 37 92 16 60 00)*.

SAINT-PAUL [175 F5] *Insider Tipp*

Das kleine Bergdorf rund 21 km nordwestlich von Nizza war und ist ein Künstlertreff – und der Sitz der *Fondation Maeght*, einer der wichtigsten Privatsammlungen moderner Kunst in Frankreich. *Tgl. Okt–Juni 10–18, Juli–Sept. 10–19 Uhr | Eintritt 11 Euro | www.fondation-maeght.com*

PERPIGNAN

[174 B6] Die Hauptstadt (108 000 Ew.) des Roussillon liegt nur 30 km von der spanischen Grenze entfernt. Der katalanische Einschlag wird auf den mit Platanen gesäumten Promenaden sichtbar. Ende des 13. Jhs. war Perpignan die Hauptstadt des Königreichs Mallorca. Aus dieser Zeit stammt das *Palais des Rois de Majorque (4, rue des Arches | Winter 9–17, Sommer 10–18 Uhr | Eintritt 4 Euro)*. Weitere Sehenswürdigkeiten sind die *Cathédrale Saint-Jean* und die *Place de la Loge*. Dieser Platz ist das Herz der Altstadt, dort befindet sich der ehemalige Seegerichtshof *Loge der Mer* aus dem Jahr 1397. Spanische Tapas bekommen Sie im Restaurant *Casa Sansa (4, rue Fabri-*

> *www.marcopolo.de/frankreich*

DER SÜDOSTEN

que-Couverte | Tel. 04 68 34 21 84 | kein Ruhetag | €– €€). Günstig und zentral übernachten Sie im *Hôtel de la Loge (12 Zi. | 1, rue des Fabriques-d'en-Nabot | Tel. 04 68 34 41 02 | Fax 04 68 34 25 13 | www.hoteldela loge.fr | €)*.

SAINT-TROPEZ

[175 E6] ▶▶ Das Küstenstädtchen (5500 Ew.) war entgegen allen Gerüchten niemals ein kleines Fischerdorf, das erst durch Brigitte Bardot berühmt wurde. St-Tropez war und ist eine Hafenstadt mit hübschem Zentrum. Hier trifft sich der Jetset der Welt, die Hotels sind first class und teuer, die Altstadt ist toprenoviert. Bausünden gibt es hier nicht: St-Tropez ist ein Gesamtkunstwerk fürs Sehen und Gesehenwerden, Ausgehen, Tanzen, Baden und Shoppen. Insider genießen das Spektakel am Hafen von der Bar *Le Sénéguier* am *Quai Jean Jaurès*

Insider Tipp

(Place aux Herbes) aus. Die feuerrote Bar ist nicht zu übersehen und eine Institution.

◼ ZIELE IN DER UMGEBUNG ◼

RAMATUELLE/PAMPELONNE [175 E6]

Der berühmteste Strand von Saint-Tropez gehört zur Nachbargemeinde Ramatuelle, rund 12 km entfernt. Die *Plage de Pampelonne* ist 4,5 km lang. Eine Bar reiht sich an die andere, vor der Küste liegen die Yachten, auf den Matten die Models.

TOULON [175 E6]

Die Großstadt am Meer (168 000 Ew.) und Hauptstadt des Departements Var liegt etwa 70 km südwestlich von Saint-Tropez und dient der französischen Marine als Stützpunkt. Lange Zeit galt Toulon als wenig ansprechend. Doch die Stadt macht sich, viele Häuser sind renoviert. Ein Muss ist die Hafenrundfahrt durch die spektakuläre Reede.

Abendliches Amüsement im Hafen von St-Tropez

> AUSBLICKE, FERNBLICKE, EINBLICKE

Per Auto, Fahrrad oder zu Fuß Frankreich ganz genau erkunden: Traumrouten für jeden Geschmack

Die Touren sind auf dem hinteren Umschlag und im Reiseatlas grün markiert

1 EINE RUNDREISE AM ENDE DER WELT

Am nordwestlichen Zipfel des Departements Finistère, was wörtlich übersetzt Ende der Welt bedeutet, befinden sich an der Küste die sogenannten Abers. Diese kleinen Mereseinmündungen entstanden durch Flüsse, die sich langsam in die Küste fraßen. Die Rundtour entlang dieser bizarren Landschaft ist etwa 200 km lang. Sie können die Fahrt mit dem Auto oder dem Fahrrad machen. Je nach Fahrzeug und Anzahl der Zwischenstopps kann die Tour zwei bis sieben Tage dauern.

Start ist in Brest *(S. 82)*. Von dort geht es auf der D 788 Richtung Norden ins Landesinnere zur gotischen Kirche in Gouesnou mit ihrem hübschen Renaissancebrunnen und einem sehenswerten Altar. Danach fahren Sie über Plabennec weiter nach Le Folgoët, wo die Basilika einen Stopp

Bild: Elsass, Riquewihr

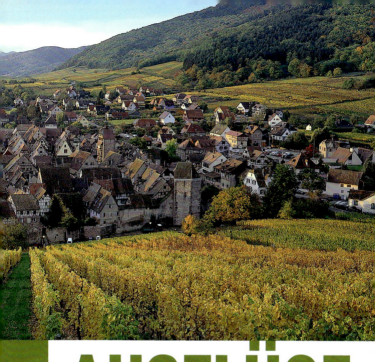

AUSFLÜGE & TOUREN

wert ist wegen Form und Portalvorbau. Auf der D 28, dann D 32 fahren Sie nun in Richtung **Plouguerneau** ans Meer. Der **Aber Wrac'h** ist die erste Mündung auf der Strecke und ein schöner Yachthafen. Neben ihr liegen die Ruinen von **Illiz-Koz** *(tgl. 14–17.30 Uhr | Eintritt 3 Euro)*, einer ehemaligen Abtei, die vom Sand verschluckt wurde. Es lohnt sich, bis an die äußerste Spitze zu fahren und auf die **Île Vierge** überzusetzen. Deren Leuchtturm, der ★ ※ *Phare de l'Île Vierge*, ist mit 82,5 m der höchste Leuchtturm Frankreichs und bietet ein tolles Panorama.

Zurück nach Plouguerneau und über die Mündung des Aber Wrac'h geht es nun auf die Panoramastrecke D 113 über Lannilis und weiter zum **Aber Benoît** nach **Tréglonou**. In der in einem Gutshaus untergebrachten **Crêperie à la Ferme Manoir du Trouzilit** *(Treglonou | Tel. 02 98 04 01 20 |*

Leuchtturm der Pointe Saint-Mathieu

www.manoir-trouzilit.com | *Nebensaison Mo–Do geschl.* | €) können Sie essen und übernachten.

Auf der D 28 geht es nun weiter Richtung Westen nach **Ploudalmézeau**. Sie können, kurz bevor Sie diesen Ort erreichen, rechts abbiegen und über **Saint-Pabu** einen Abstecher zur Düne **Corn-ar-Gazel** machen.

Zürück auf der Hauptroute, fahren Sie an kleinen Häfen und den Aussichtspunkten ☼ **Portsall** und ☼ **Trémazan** weiter auf der touristischen Route D 127 zum **Aber Ildut** nach **Lanildut**, wo Wanderwege entlang der Küste beginnen. Auf diesem Streckenabschnitt lohnt es sich, immer wieder einmal anzuhalten und die großartige Natur auf sich wirken zu lassen. Besonders eindrucksvoll erleben Sie die Küste, wenn Flut und Westwind meterhohe Wellen gegen die Felsen anbranden lassen. Übernachten in sehr liebevoll eingerichteten Zimmern können Sie im Gästehaus *Le Clos d'Ildut (3 Zi. | 13, Route de Mezaccou | Tel. 02 98 04 43 02, http://leclosdildut.free.fr | €).* **Insider Tipp**

Ein Highlight auf der Strecke in Richtung Süden ist der etwa 5000 Jahre alte **Menhir de Kerloas** 1 km östlich von Plouarzel, der mit seinen 9,50 m der größte noch stehende Menhir Frankreichs ist. Auf der D 28 führt die Route über Ploumoguer wieder an die Küste zur ☼ **Pointe de Kermorvan** mit einem Highlight ganz anderer Art: Am schönen Sandstrand **Plage des Blancs Sablons** sollten Sie, wenn das Wetter es zulässt, unbedingt eine Pause einlegen. Auch das Fischerdorf **Le Conquet** und die ☼ **Pointe de Saint-Mathieu** mit ihrem Leuchtturm lohnen einen Zwi-

AUSFLÜGE & TOUREN

schenstopp. Von dort geht es auf der D 85 über Plougonvelin und, wenn Sie einen weiteren Strand besuchen wollen, Le Trez Hir auf die D 789 und zurück nach Brest.

2 ENTDECKUNGEN IM WEINLAND

Die Route des Vins im Elsass ist sicherlich eine der berühmtesten gastronomischen Reisen Frankreichs. Im Zickzack geht es 180 km von Marlenheim nach Thann, durch Weinberge, hübsche Dörfer, Kapellen, Weinkeller und gute Restaurants. Machbar ist die Strecke in vier Tagen, mit täglichen Etappen von rund 45 km.

Die erste Etappe verläuft von Marlenheim nach Obernai. Einen Stopp lohnt der Ort Wangen mit seinen Sträßchen, hübschen Häusern und der mittelalterlichen Befestigungsanlage Niedertortum. Weiter geht es über Rosheim und Ottrott nach Obernai, einem mittelalterlichen Bilderbuchstädtchen mit hübschem Marktplatz. Gutbürgerlich essen können Sie hier in der Winstub O'Baerenheim (46, rue du Géneral-Gouraud | Tel. 03 88 95 53 77 | Jan. und Nov. geschl. | €€).

Am nächsten Tag lockt Ittersviller mit seinem Rundgang vins et gastronomie. Über Dambach-la-Ville und Scherwiller endet die zweite Etappe in Châtenois, z. B. im Hotel Beysang (16 Zi. | Tel. 03 88 58 38 58 | Fax 03 88 82 58 99 | www.hr-beysang.com | €–€€). Am nächsten Tag fahren Sie über Kinsheim und Bergheim nach Ribeauvillé. Dort genießen Sie schöne Ausblicke über die elsässische Ebene. In Riquewihr gibt es zwei Highlights: die mittelalterliche Altstadt und eines der berühmtesten und schönsten Weingüter des Elsass, das Gut Dopff au Moulin. Die Traditionswinzerfamilie erfand um die Wende zum 20. Jh. den Crémant d'Alsace, ihr Riesling ist berühmt. (2, avenue Jacques Preiss | www.dopff-au-moulin.fr | Tel. 03 89 49 09 51 | Weinproben: Mo–Fr 8–12 und 14–18 Uhr, am Wochenende ab 9 Uhr).

Wer in Riquewihr übernachtet, sollte außerdem einen Abstecher ins nahe gelegene ★ Kaysersberg machen, zum Rathaus und Geburtshaus von Albert Schweitzer (126, rue Général-de-Gaulle | tgl. 9–12 und 14–18 Uhr). Über Turckheim geht es weiter nach Colmar, wo die Etappe endet. Die letzte Strecke führt über Eguisheim, die Wiege des elsässischen Weinbaus. Wer Zeit hat, kann sich hier auf die Route der fünf Schlösser begeben, die nach der Burg ausgeschildert ist. Die ersten drei Schlösser der Donjons d'Eguisheim (Weckmund, Wahlenbourg, Dagsbourg) erkundet man zu Fuß, danach geht es zum Château du Hohlandsbourg (8, place du Général de Gaulle | Wettolsheim | Eintritt 4,20 Euro | www.chateau-hohlandsbourg.com) mit dem Auto und zuletzt zum Donjon de Pflixbourg. Noch ein weiteres Schloss, die Ruine von Husseren-les-Châteaux liegt auf der Weiterfahrt nach Rouffach, der Königsstadt der Merowinger. Nach Guebwiller lohnt noch ein Stopp an der Basilika Notre-Dame-de-Thierenbach mit ihrem Glockenturm, bevor in Thann die Fahrt endet.

Informationen zu dieser Tour finden Sie unter www.alsace-route-des-vins.com.

EIN TAG IN LYON
Action pur und einmalige Erlebnisse.
Gehen Sie auf Tour mit unserem Szene-Scout

PETIT DÉJEUNER
8:30
Aufwachen – ein actionreicher Tag steht bevor! Doch zuerst wird gefrühstückt! Und gibt es etwas Besseres, als sich mit Croissant und Café auf einen Tag in Frankreich einzustimmen? Nein! Deswegen ab ins *Grand Café des Négociants*. Dort taucht man das Croissant – wie alle anderen das auch tun – in den Kaffee ein und genießt!
WO? *1, place Francisque Régaud* | *Tel. 04 78 42 50 05* | *www.cafe-des-negociants.com*

9:30
JARDIN DE ROSES
Unglaublich, was für ein Aroma 800 verschiedene Rosenarten auf 9500 m² verbreiten können. Die Nase gegen den Wind halten und im *Jardin de La Bonne Maison* zehn Minuten südlich von Lyon lustwandeln. An Blüten schnuppern und die überwältigende Farbenpracht bestaunen. **WO?** *99, chemin de Fontanières, La Mulatière* | *Kosten: ab 6 Euro* | *Tel. 04 78 37 38 37* | *www.labonnemaison.org*

MEISTERKOCH IN SPE
12:30
Wie kocht man ein Drei-Gänge-Menü? Noch dazu ein französisches? Keine Scheu: Schürze an, Kochhaube auf und ran an den Herd der Kochschule *L'Atelier des Chefs*. Unter fachmännischer Anleitung wird gebrutzelt und gegart. Am Ende des Kurses gibt es den Lohn der Mühen: Gemeinsam mit den anderen Kochschülern werden die Köstlichkeiten verspeist. **WO?** *8, rue St-Nizier* | *Tel. 04 78 92 46 30* | *Kosten: 54 Euro* | *Termine unter www.atelierdeschefs.com*

14:30
CITY-TOUR AUF RÄDERN

Sightseeing mal anders: Rauf auf den *Segway*, leicht nach vorne beugen und Gas geben. Dann gleitet man ganz mühelos mit dem Elektro-Stehroller durch die City, vorbei an Opéra und der Cathédrale St-Jean. **WO?** *26, rue du Doyenné* | *Tel. 06 07 33 07 65* | *Kosten: ab 25,50 Euro* | *www.comhic.com*

24 h

SCHATZSUCHE
17:00

Bücherwürmer aufgepasst! Der Secondhand-Buchmarkt am Quai de la Pêcherie ist eine wahre Fundgrube: Beim Stöbern in Klassikern, Krimis und Kinderbüchern vergisst man glatt die Zeit. Und wer weiß: Vielleicht ist ja eine verschollene Erstausgabe dabei?! **WO?** *Quai de la Pêcherie* | *tgl. 9–20 Uhr*

18:00
SPA-TIME!

Fündig geworden? Dann Buch einpacken und ab nach Charbonnières-les-Bains, denn im Spa des Luxushotels *Pavillon Rotonde* heißt es entspannen. In der Sauna schwitzen, im Schwimmbad abkühlen – ein Gefühl wie neu geboren! **WO?** *3, avenue du Casino* | *Tel. 04 78 87 79 79* | *Kosten: ab 40 Euro* | *www.pavillon-rotonde.com*

LE DÎNER
21:00

Hunger? Trifft sich gut. Die *Brasserie des Brotteaux* im Jugendstil-Ambiente ist so kultig, dass sie schon oft Filmkulisse war. Jane Birkin und Vincent Lindon standen hier vor der Kamera! Tipp: Unbedingt ein Steak ordern – köstlich! **WO?** *1, place Jules Ferry* | *Tel. 04 72 74 03 98* | *www.brasseriedesbrotteaux.com*

23:00
ABTANZEN

Genug geschlemmt, Dance the Night away lautet das Motto im schicken Club *La Voile*. Der Abend ist jung, die Tanzfläche voll und der DJ sorgt für angesagte Beats. Und wem es beim Tanzen heiß geworden ist, der springt in den Outdoor-Pool und planscht ein paar Runden! **WO?** *12, quai Maréchal Joffre* | *Tel. 04 78 38 48 38* | *www.lavoile-lyon.fr*

> SPORT, SPIEL, SPASS UND SCHÖNHEIT

Wer im Urlaub gern Sport treibt oder Wellness machen möchte, ist in Frankreich richtig

> Dank seiner Lage zwischen zwei Meeren, mehreren Gebirgszügen und einer ausgedehnten Flusslandschaft gibt es in Frankreich Möglichkeiten für Freizeitaktivitäten aller Art. Detaillierte Informationen bieten auch die örtlichen Fremdenverkehrsämter.

ACCROBRANCHE

Hinter diesem Namen verbirgt sich das Abenteuer Baumwipfelklettern. Der Sport ist seit Jahren ein beliebtes Freizeitvergnügen für Leute, die den Nervenkitzel lieben. Im ganzen Land gibt es Angebote, geklettert wird in den Wipfeln und entlang alter Festungsmauern. Eines der bekanntesten Accrobranche-Ziele ist *Fort des Rousses* im Jura *(www.fortdesrousses.com)*. Über weitere Stätten informiert *www.dans-les-branches.com*.

ANGELN

Geangelt wird sogar mitten in Paris. Der Volkssport ist fast überall in

> *www.marcopolo.de/frankreich*

SPORT & AKTIVITÄTEN

Frankreich möglich, da es an Meer, Flüssen und Seen nicht mangelt. Interessierte brauchen vor allem eine gültige Angelkarte. Im Anglergeschäft vor Ort kaufen Sie eine Berechtigungsmarke für einen Tag, eine Woche oder die ganze Saison, die Sie mitführen müssen. Vorschriften über regionale Angelregeln und Auskunft über Angelgebiete finden Sie auf der Website der *Fédération de la Pêche* *(www.unpf.fr)*.

GOLF

Mit über 550 Golfplätzen ist Frankreich eines der wichtigsten Golfziele in Europa. Grundsätzlich ist die Ausübung dieses Sports ein bisschen weniger elitär und auch etwas billiger als in Deutschland. Wer als Anfänger auf einer Driving Ranch ein paar Versuchsbälle schlagen möchte, muss oft nur die Bälle kaufen und keine weitere Gebühr zahlen. Oft werden die Schläger kostenlos zur Verfügung gestellt. Platzreife ist meist nicht erforderlich, jedoch wird ein gewisses Können vorausgesetzt. Wo sich Plätze befinden, erfahren Sie unter www.golflounge.com.

HAUSBOOTURLAUB

Gemütlich auf den Flüssen und Kanälen zu tuckern, hat sich in den vergangenen Jahren zu einer Urlaubsalternative entwickelt. Die beliebtesten Ziele sind in Burgund der *Canal du Nivernais*, im Süden der *Canal du Midi*, im Osten der *Canal du Rhône*, im Südwesten der Fluss *Lot* (Informationen und Anbieter unter www.lotnavigation.com) und die Nebenflüsse der Loire. Für die meisten Boote brauchen Sie keinen Bootsführerschein. Eine Buchung im Voraus wird empfohlen. Eine gute Übersicht gibt die Website www.4-oceans.com.

KOCHKURSE

Kochen können wie die Profis, das wollen in Frankreich viele. Deswegen boomt seit ein paar Jahren der Markt der Kochkurse. Selbst berühmte Häuser wie das Pariser Hotel Ritz haben welche im Angebot. Buchen können Sie bei der *École Ritz Escoffier* sogar online unter www.ritzparis.com. Eine moderne Variante an Kochkursen bietet das *Atelier des Chefs* in seinen sieben schicken Ateliers in Paris, Lyon, Bordeaux und Brüssel. Bei www.atelierdeschefs.com bereiten die Teilnehmer unter Anleitung eines jungen Kochs innovative Gerichte in der Gruppe zu.

RAD & MOUNTAINBIKE

Radeln können Sie überall in Frankreich, seit 2005 auch mehr und mehr in den großen Städten, wo nach und nach Fahrradwege installiert werden. Auf dem Land gibt es zahlreiche Angebote, vielerorts sind die Strecken sogar mit speziellen Radhinweisen ausgeschildert. So zum Beispiel im Luberon, wo Sie eine Rundtour von über 200 km fahren können.

An vielen Orten in Frankreich sind traumhafte Wanderungen möglich

SPORT & AKTIVITÄTEN

Insider Tipp: Informationen zu diesem Angebot gibt der Verein *Vélo Loisir en Luberon* *(www.veloloisirluberon. com)*. Spezielle geführte Touren organisiert auch der Dachverband *Fédération Française de Cyclotourisme* in Ivry-sur-Seine *(12, rue Louis Bertrand | Tel. 01 56 20 88 88 | Fax 01 56 20 88 99 | www.ffct.org)*. Mountainbike heißt auf Französisch VTT *(vélo tout-terrain)*.

■ REITEN

In allen Departements gibt es Reitzentren, die Möglichkeiten und Touren auch für Touristen anbieten. Die besten Reitgegenden sind *Camarque, Auvergne, Cevennen, Bretagne, Périgord* und *Vogesen*. Vorabinformationen erhalten Sie auch in Englisch auf den Websites des *Comité National de Tourisme Équestre (CNTE)* in Lamotte-Beuvron *(Parc Equestre Fédéral | Tel. 02 54 94 46 80 | Fax 02 54 94 46 81 |)* und der *Fédération française d'Équitation (www.ffe.com)*.

■ SEGELN & SURFEN

Die besten Spots für Surfer finden Sie an der Atlantikküste in *Arcachon, Lacanau-Océan, Mimizan, Seignosse-Hossegor, Capbreton, Anglet, Biarritz, Bidart, St-Jean-de-Luz* und *Hendaye*. Im Norden ist Strandsegeln *(char à voile)* sehr angesagt, z. B. in *Le Touquet-Paris-Plage*. Am Mittelmeer ist die Halbinsel *Giens* in Hyères sehr beliebt vor allem bei Kitesurfern. **Insider Tipp.** Informationen über Segel- und Surfschulen geben die Websites der *Fédération Française de Voile (www.ffvoile.net)* und *Fédération Française de Surf (www.surfingfrance.com)*.

■ SKIFAHREN

Mit Pisten in Vogesen, Jura, Massif Central, Pyrenäen und Alpen besitzt Frankreich eines der größten Skigebiete weltweit. Am anspruchsvollsten ist das Alpengebiet mit den berühmten Stationen *Tignes, Vald'Isère, Courchevel, Chamonix* sowie das gigantische Dreitälergebiet um *Val-Thorens (www.les3vallees.com)*. Informationen erteilen die einzelnen Skigebiete und die *Fédération Française de Ski (www.ffs.fr)*.

■ WANDERN & KLETTERN

Ganz Frankreich ist mit Wanderwegen durchzogen, es gibt zwei Kategorien: *PR (Petit Randonnée)* sind einfache Tagestouren, *GR (Grande Randonnée)* verlangen eine gewisse Kondition und sind meist mehrtätige Touren. Informationen erhalten Sie bei der *Fédération Française de la Randonnée Pédestre* in Paris *(64, rue du Dessous des Berges | Tel. 01 44 89 93 93 | www.ffrandonnee.fr)*.

150 | 151

> ## VON LEONARDO DA VINCI BIS ZUR KÄSEKULTUR

Frankreich hat auch für seine kleinen Gäste jede Menge Attraktionen im Angebot

> Frankreich ist im europäischen Vergleich das Land mit der höchsten Geburtenrate. Dementsprechend groß ist auch das Angebot bei den Freizeitattraktionen.

Es lohnt sich, vor Ort nach besonderen Aktivitäten für 6- bis 12-Jährige zu fragen. Viele Regionen halten ein umfangreiches Kinderprogramm bereit, z. B. in der Bretagne, wo Sie unter *www.breizhtrotters.com* interessante Sport- und Freizeitangebote finden. Museen bieten oft Kinderführungen an. Achten Sie in Badeorten auf das Label „Kid". Diese Orte sind auf Familienurlaub eingestellt.

■ **PARIS**

DISNEYLAND PARIS [170 B4]

Das Euro-Disneyland, 32 km vor den Toren der Hauptstadt, wartet mit immer neuen Attraktionen auf. 160 Mio. Besucher strömten seit Bestehen in den Freizeitpark. Er gliedert sich in fünf Rundgänge, die sich

> *www.marcopolo.de/frankreich*

MIT KINDERN UNTERWEGS

thematisch etwa um den Goldrausch, um Märchen wie Schneewittchen oder Westernmythen drehen. *Marne-la-Vallée | Juli/ Aug. tgl. 10–23, sonst bis 19, Wochende bis 21 oder 22 Uhr | Erwachsene 51 Euro, Kinder 43 Euro | www.disneylandparis.com*

■ DIE MITTE

CHÂTEAU DU CLOS LUCÉ [169 F5]

Das im 12. Jh. erbaute Schloss aus rotem Ziegelstein, das im Ort Amboise im Loire-Tal liegt, war die letzte Wohnstätte von Leonardo da Vinci. Der Park ist nach ihm benannt, das Kinderprogramm auch. Die kleinen Leonardos können hier Malkurse belegen oder sich in Renaissancetänzen unterrichten lassen. Einige Kurse dauern mehrere Tage. *Jan 10–18, Feb.–Juni und Sept.–Okt. 9–19, Juli/Aug. bis 20, Nov.–Dez. bis 18 Uhr | Erwachsene 12,50 Euro, Kinder 7 Euro | www.closluce.com*

**BÉRGERIE NATIONALE
DE RAMBOUILLET** [170 A4]

Im Schlosspark, rund 50 km südwestlich von Paris, geht es gar nicht aristokratisch zu. In die ehemalige Schäferei sind ein Streichelzoo und jede Menge Attraktionen eingezogen. | *www.bergerie-nationale.educagri.fr* | *Mi, Sa und So 14–17.30 Uhr, Weihnachten bis Mitte Jan. geschl.* | *Erwachsene 4,50 Euro, Kinder 3 Euro*

■ DER OSTEN

Insider Tipp **LA MAISON DU COMTÉ** [171 D6]

In diesem Museum in *Poligny*, dem Herzen der Franche-Comté, geht es um Käsekultur. In dem nur für Kinder gestalteten Ausstellungsparcours erfahren Sie auf spielerische Weise alles, was man über einen der berühmtesten französischen Käse wissen muss – auch auf Deutsch. *Avenue de la Résistance* | *www.maison-du-comte.com* | *April und Okt. Di–So 14–17, Mai, Juni und Sept. bis 17.30, Juli/Aug. tgl. 10–11.30 und 14–17.30 Uhr* | *Erwachsene 4 Euro, Kinder 3 Euro*

■ DER NORDEN

PARC SAMARA [170 B2]

Zeitreise in die Prähistorie gefällig? In diesem Park, 14 km westlich von Amiens, wird deutlich, wie unsere Vorfahren lebten. Kunsthandwerker zeigen alte Techniken, ein Rundgang führt durch ein keltisches Dorf und ein Museum gibt Hintergrundinformationen. *La Chaussée – Tirancourt* | *März–Juni und Sept.–Nov. Mo–Fr 9.30–17.30, Wochenende 10.30–18, Juli/Aug. tgl. 10.30–19 Uhr* | *Tel. 03 22 51 82 83* | *Fax 03 22 51 92 12* |

Man muss nicht in die USA fahren: Disneyland gibt es auch bei Paris

KINDERN UNTERWEGS

www.samara.fr | Erwachsene 9 Euro, Kinder 7,50 Euro

■ DER WESTEN ■

PLANÈTE SAUVAGE   [168 C6]

Der rund 20 km südwestlich von Nantes gelegene Zoo ist eine Attraktion. In Schrittgeschwindigkeit fahren Sie auf Serpentinenstraßen durch die Anlage aus Busch, Steppe und Savanne, in der Elefanten, Bisons, Springböcke, Bären und Giraffen leben. Danach geht es zu Fuß weiter ins Safaridorf zu Reptilien und Kleintieren, um am Ende im exotischen Affengarten die Besichtigung zu beschließen. *La Chevalerie | Port Saint-Père | www.planetesauvage.com | April–Anf. Juli und Mitte Aug.–Sept. 10–19, Mitte Juli–Mitte Aug. 9.30 bis 20, Okt., März und Nov. 10–18 Uhr | Erwachsene 17 Euro, Kinder 11 Euro*

LE PUY DE FOU   [169 D6]

Eine Zeitreise erwartete die Besucher rund 60 km südöstlich vom Nantes im Freizeitpark des „verrückten Bergs". In dem großzügig angelegten Park tummeln sich Wikinger, Ritter, Musketiere, Gladiatoren, Napoleons Soldaten und viele andere mehr. Highlight ist das zwischen Juni und Juli stattfindende Nachtspektakel ★ *La Cinéscenie*, wo 800 Schauspieler und 50 Reiter auf der Terrasse eines dramatisch beleuchteten Schlosses wild durch die Gegend reiten, tanzen, springen, während nebenbei jede Menge Feuerwerkskörper und Wasserspiele hochgehen. Termine für das *Cinéscenie* finden Sie auf der Website. Gelegen zwischen den Orten *Cholet* und *La Roche-sur-Yon | www.puydufou.com | Mitte April–Mai Fr–So,*

Juni Do–Di, Sept. Fr/Sa. 10–19, Juli/Aug. So–Do 10–22.30, Fr/Sa. bis 21 Uhr | Erwachsene ab 26 (mit Cinéscenie 43) Euro, Kinder ab 15 (mit Cinéscenie 25) Euro

■ DER SÜDWESTEN ■

CITÉ DE L'ESPACE   [173 D5]

Wer von alten Steinen und Kirchen genug hat und sich dem jungen Kapitel von Toulouse, der Raumfahrtindustrie, zuwenden will, sollte mit seinen Kindern zur „Stadt des Alls" fahren. Im Park steht eine Originalkopie der Ariane 5. *Au Parc de la Plaine | Autobahnring Ost | www.cite-espace.com | tgl. 9.30–17, Sa/So bis 18, Hochsaison bis 19 Uhr, Jan., März und Sept.–Dez Mo geschl. | Erwachsene 19,50 Euro, Kinder 13 Euro*

AQUALAND   [172 B3]

Jede Menge Badespaß mit Rutschen und Wasserfällen bietet diese Anlage am Rand des Bassins von Arcachon. | *www.aqualand.fr | tgl. Mitte-Ende Juni und Anf. Sept. 10–18, Juli/Aug. bis 19 Uhr | Erwachsene 24,50 Euro, Kinder 18 Euro*

■ DER SÜDOSTEN ■

PARC ZOOLOGIQUE
DE FRÉJUS   [175 E5]

Den auf einem Hochplateau angelegten Zoo, nur 5 km nördlich von Fréjus, kann man zu Fuß oder per Auto besichtigen. Beeindruckend ist die Artenvielfalt der Vögel, aber auch das Spektakel der Dressur. | *www.zoo-frejus.com | Juni und Aug. 10–18, März–Mai und Sept./Okt. bis 17, Nov.–Feb. 10.30–16.30 Uhr | Erwachsene 14 Euro, Kinder 9,50 Euro*

> VON ANREISE BIS ZOLL

Urlaub von Anfang bis Ende: die wichtigsten Adressen und Informationen für Ihre Frankreichreise

ANREISE

AUTO
Aus Deutschland führen die Autobahnen A 1 (Aachen-Liège-Paris) und A 4 (Saarbrücken-Metz-Reims-Paris) nach Frankreich. In den Süden führen die Autobahnen A 10/20 und die A 6, die *Route du Soleil*. Auf Autobahnen gilt eine Maut *(Péage)* auch für PKWs.

BAHN
Dank dem Schnellzug TGV ist es heute sehr einfach, innerhalb Frankreichs mit der Bahn zu reisen. Die meisten großen Städte sind an das Bahnnetz angeschlossen, das von Paris sternförmig das Land überzieht. Als Beispiel: Von Paris dauert eine Reise mit dem *TGV* bis Marseille drei Stunden. Buchungen innerhalb Frankreichs können über die Website *www.voyages-sncf.com* vorgenommen werden. Von Deutschland gibt es die Möglichkeit, den *TGV Est Europeen* zu nehmen, der die Städte Saarbrücken, Kaiserslautern, Mannheim, Frankfurt, München, Karlsruhe, Stuttgart, Zürich und Basel mit Paris verbindet. Eine Fahrt von Frankfurt nach Paris dauert 3 Std. 50 Min. *(www.tgv-europe.de)*.

FLUGZEUG
Die Hauptstadt Paris besitzt zwei große Flughäfen: Orly, 11 km im

> WWW.MARCOPOLO.DE
Ihr Reise- und Freizeitportal im Internet!

> Aktuelle multimediale Informationen, Insider-Tipps und Angebote zu Zielen weltweit ... und für Ihre Stadt zu Hause!

> Interaktive Karten mit eingezeichneten Sehenswürdigkeiten, Hotels, Restaurants etc.

> Persönliche Merkliste: Speichern Sie MARCO POLO Tipps, ergänzen Sie Ihre Notizen und drucken sie für die Reise aus!

> Inspirierende Bilder, Videos und Reportagen aus fernen Ländern und quirligen Metropolen!

> Bewertungen, Tipps und Beiträge von Reisenden in der lebhaften MARCO POLO Community: *Jetzt mitmachen und kostenlos registrieren!*

> Praktische Services wie Routenplaner, Event-Kalender und Fotoservice mit MARCO POLO Reisefotobüchern!

> Gewinnspiele mit attraktiven Preisen!

Abonnieren Sie den kostenlosen MARCO POLO Newsletter ... wir informieren Sie 14-täglich über Neuigkeiten auf www.marcopolo.de

> MARCO POLO speziell für Ihr Handy! Zahlreiche Informationen aus den Reiseführern, Stadtpläne mit 100 000 eingezeichneten Zielen, Routenplaner und vieles mehr: *mobile.marcopolo.de* (auf dem Handy); *www.marcopolo.de/mobile* (Demo und mehr Infos auf der Website)

PRAKTISCHE HINWEISE

Süden, und Charles-de-Gaulle (CDG), auch Roissy genannt, 23 km im Norden der Stadt. Roissy ist der zweitgrößte Flughafen Europas mit drei Terminals. Lufthansaflüge kommen in der Regel am Terminal 1 an, Air France-Flüge am Terminal 2. Der Terminal 3 ist für Charterflüge reserviert. Von beiden Pariser Flughäfen führen sowohl Busse (Roissybus, Orlybus) wie auch eine S-Bahn namens RER (Linie B 3 für CDG und B 4 für Orly) in die Innenstadt. Wichtige weitere Regionalflughäfen sind Bordeaux, Lille, Lyon, Marseille, Montpellier, Mulhouse, Nantes, Nizza, Straßburg und Toulouse.

AUSKUNFT

Maison de la France ist das offizielle Fremdenverkehrsamt Frankreichs im Ausland *(www.franceguide.com)*. In Deutschland: *Zeppelinallee 37 | 60325 Frankfurt am Main | Tel. 090 01 57 00 25 (0,49 Euro pro Min.) | Fax 090 01 59 90 61 | info.de@ franceguide.com*. In Österreich: *Lugeck 1–2/Stg. 1/Top 7 | 1010 Wien | Tel. 09 00 25 00 15 (0,68 Euro/min.) | Fax 015 03 28 72 | info.at@ franceguide.com*. In der Schweiz: *Rennweg 42 | Postfach 3376 | 8021 Zürich | Tel. 04 42 17 46 00 | Fax 04 42 17 46 17 | info.ch@france guide.com*. Zusätzlich bieten auch einige französische Regionen deutschsprachige Informationswebseiten an, wie zum Beispiel die Franche-Comté:

www.franche-comte.org. Vor Ort erhält man in den lokalen Fremdenverkehrsämtern gute Informationen.

AUTO

In Frankreich werden inzwischen strenge Geschwindigkeitskontrollen

WAS KOSTET WIE VIEL?

BAGUETTE	**ETWA 1 EURO**	beim Bäcker
KAFFEE	**AB 1,80 EURO**	für einen *petit noir*
EIS	**2–4 EURO**	für eine Kugel
WEIN	**AB 3,50 EURO**	für ein Glas im Bistro
BENZIN	**1,40 EURO**	für 1 l Super
PKW-MAUT	**ETWA 7,10 EURO**	für 100 km auf der Autobahn

durchgeführt. Die Radarstellen sind fest entlang der Autobahn installiert, seltener sieht man mobile Einsatzkräfte. In Ortschaften gilt eine Höchstgeschwindigkeit von 50 km/h, auf Landstraßen 90 km/h, auf Schnellstraßen 110 km/h und auf Autobahnen 130 km/h (bei Regen 110 km/h). Bei Autopannen sollte man seinen deutschen Pannenservice anrufen, der in der Regel französische

Vertragspartner hat. Bei Unfällen ist die Polizei zu informieren, via Autobahnrufsäulen oder mit Rufnummer 17. Die Ambulanz ist unter der Rufnummer 15 zu erreichen.

■ BANKEN

Die Banken haben in Frankreich in der Regel werktags von 9 bis 17 Uhr geöffnet. In kleineren Orten können sie über Mittag geschlossen sein. Die einfachste Bargeldbeschaffung erfolgt über die zahlreichen Automaten, die Kredit- und EC-Karten akzeptieren. Dabei fallen gewöhnlich Gebühren an in Höhe von 1 Prozent des Auszahlungsbetrags an, jedoch mindestens 3 Euro. Kreditkarten werden in Frankreich fast überall akzeptiert, jedoch kann man in privaten Gästehäusern, sogenannten *Chambres d'Hôtes*, oft nur bar zahlen.

■ CAMPING

11 000 Campingplätze gibt es in Frankreich. Wie bei den Hotels sind sie in vier Sternekategorien eingeteilt. Eine Reservierung in den Ferienmonaten wird wärmstens empfohlen. Infos finden Sie auf der Website *www.campingfrance.com*.

■ DIPLOMATISCHE VERTRETUNGEN

DEUTSCHE BOTSCHAFT
13–15, avenue Franklin D. Roosevelt | 75008 Paris | Tel. 01 53 83 45 00 | Fax 01 43 59 74 18 | www.paris.diplo.de

ÖSTERREICHISCHE BOTSCHAFT
6, rue Fabert | 75007 Paris | Tel. 01 40 63 30 63 | Fax 01 45 55 63 65 | www.amb-autriche.fr

SCHWEIZER BOTSCHAFT
142, rue de Grenelle | 75007 Paris | Tel. 01 49 55 67 00 | Fax 01 49 55 67 67 | www.eda.admin.ch/paris

■ FLUGGESELLSCHAFTEN

Neben den beiden großen Fluggesellschaften Airfrance und Lufthansa bieten inzwischen auch viele Billigflieger Direktflüge nach Frankreich an. Hier eine Auswahl:

Germanwings: Von zahlreichen deutschen Städten nach Nizza und Marseille *(www.germanwings.com)*

Tuifly: von Hannover und Stuttgart nach Paris *(www.tuifly.com)*

Airberlin: von zahlreichen deutschen und österreichischen Städten, z. B. Wien, Berlin und Nürnberg nach Paris und Nizza *(www.airberlin.com)*.

■ GESUNDHEIT

Bei der Krankenkasse kann vor der Reise kostenlos eine europäische Krankenversicherungskarte beantragt werden. Jedoch werden über die Karte ausschließlich Notfälle zu 100 Prozent versichert. Meist müssen Sie trotzdem direkt nach der Behandlung die Arztgebühren bezahlen und sie anschließend bei Ihrer Krankenversicherung einreichen, die später dann nach den entsprechenden Sätzen die Behandlung abrechnet und die jeweiligen Beträge an Sie zurückerstattet.

■ INTERNET

Im Internet findet man zahlreiche Informationen über Frankreich. Hier ein paar der besten und wichtigsten Adressen. Allgemeine Infos über das Land gibt die Website der französischen Botschaft in Berlin: *www.bot*

> **www.marcopolo.de/frankreich**

PRAKTISCHE HINWEISE

schaft-frankreich.de. Infos über die deutsch-französische Zusammenarbeit mit aktuellen Kulturterminen finden Sie unter *www.france-allemagne.fr*. Informationen über Reisen und Wissenswertes vermitteln die Websites *www.frankreich-experte.de* und *www.frankreichkontakte.de*. Aktuelle Wetterinformationen erhält man unter *www.wetteronline.de* und *www.meteo.fr*. Eine Liste der französischen Touristenbüros finden Sie bei *www.tourisme.fr*.

■ INTERNETCAFÉS & WLAN ■

Inzwischen bieten die meisten besseren Hotels einen kostenlosen Internetzugang über WLAN, in Frankreich WIFI genannt, an. Wer seinen Computer jedoch nicht dabei hat, kommt in diesen Internetcafés ins Netz:
Paris: *Milk Club | 31, boulevard Sébastopol* sowie *20, rue Faubourg St-Antoine* und *5, rue d'Odessa; Luxembourg Micro | 81, boulevard St-Michel; Cyber Phone (ehemals Pacifica) | 10, rue Taine.*
Lyon: *Milk Club | 19, quai St-Antoine.*
Cannes: *Cyber Coffee Planet Center | 10, rue Joseph Barthélemy; Dream Cyber Café | 6, rue Cdt Vidal.*

■ KLIMA & REISEZEIT ■

Frankreich erfreut sich an einem gemäßigten Wetter. Als Wettergrenze wird die Loire angesehen. Während an der Atlantikküste im Westen eher ein mildes Klima herrscht, nähert sich gen Osten das Wetter dem Kontinentalklima an. Der Norden ist relativ feucht, der Süden besticht durch lange Sonnenperioden. Beste Reisezeit ist im späten Frühjahr und Sommer. Bereits ab Mitte September setzen in ganz Frankreich erste Herbstschauer ein, die in manchen

> BLOGS & PODCASTS
Gute Tagebücher und Files im Internet

> *http://www.frankreich-nachrichten.de* – Amüsante Nachrichten vom westlichen Nachbarn.

> *www.france-blog.info* – News und Anekdoten von Gilles Floret und Dr. Heiner Wittmann, Mitarbeiter des Klett-Verlags

> *www.annabelle.ch/paris* – Die Paris-Korrespondentin der Schweizer Zeitschrift Annabelle beschreibt ihren Alltag.

> *www.ftd.de/blog/15_quatre_septembre* – Blog der Financial Times Deutschland mit Insider-Infos

> *http://www.modepilot.de* – Streetstyle, neueste Läden, Trends, Ausstellungen – Lifestyle-Infos aus Paris

> *www.tourcaster.com* – Hier können Sie englischsprachige Reiseberichte und Führungen zu Pariser Sehenswürdigkeiten auf Ihren MP3-Player laden.

> *www.faz-podcast.de* – Hier finden Sie hübsche Reisegeschichten rund um Frankreich, zu manchmal ganz außergewöhnlichen Themenbereichen.

Für den Inhalt der Blogs & Podcasts übernimmt die MARCO POLO Redaktion keine Verantwortung.

Jahren bis Mitte November anhalten. In den Wintersportgebieten Vogesen, Jura, Zentralmassiv, Pyrenäen und Alpen ermöglichen gute Schneeverhältnisse in hohen Lagen Skifahren bis in die Monate März und April. Telefonische Wetterauskünfte erhalten Sie unter *Tel. 08 92 68 00 00(0,34 Euro/min.)*.

■ MIETWAGEN

Alle gängigen Autovermieter sind in Frankreich vertreten. Sehr günstige Preise innerhalb des Landes bietet der Internetservice *www.autoescape.com* an, der selbst keine Autos vermietet, sondern mit den großen Anbietern Sonderkonditionen aushandelt.

■ NOTRUF

Seit 2004 gilt in allen europäischen Ländern die gleiche Notrufnummer 112. Sie funktioniert vom Festnetz wie vom Handy aus.

■ ÖFFENTLICHE VERKEHRSMITTEL

Das öffentliche Verkehrsnetz ist in Frankreich sehr gut ausgebaut: Neben den TGVs für die Langstrecken versorgen Thalys und Regionalzüge (Transilien) das Land. Selbst in kleineren Orten gibt es in der Regel ein gut ausgebautes Busnetz. In vielen größeren Städten wie Straßburg, Montpellier oder Bordeaux gibt es Trambahnen, die Großstädte Paris, Lyon und Marseille haben Metros.

■ POST

Briefe (bis 20 g) und Postkarten in Länder der Europäischen Union und in die Schweiz kosten 0,70 Euro.

■ STROM

Die Netzspannung beträgt 230 Volt. Bei Flach- und Eurosteckern braucht man keinen Adapter, bei alten Schukosteckern schon.

WETTER IN NIZZA

	Jan.	Feb.	März	April	Mai	Juni	Juli	Aug.	Sept.	Okt.	Nov.	Dez.
	13	13	15	17	20	24	27	27	25	21	17	13
Tagestemperaturen in °C												
	4	5	7	9	13	16	18	18	16	12	8	5
Nachttemperaturen in °C												
	5	6	6	8	9	10	12	11	9	7	5	5
Sonnenschein Std./Tag												
	7	6	6	7	6	3	2	3	6	8	8	7
Niederschlag Tage/Monat												
	13	12	13	14	16	20	22	23	21	19	16	14
Wassertemperaturen in °C												

PRAKTISCHE HINWEISE

TELEFON & HANDY

Durch die Verbreitung des Handys sind öffentliche Telefonzellen rar geworden. Sie funktionieren mit einer Telefonkarte, die in Tabakläden, bei der Post, am Kiosk und an Tankstellen erhältlich sind. Für Auslandsgespräche aus Frankreich nach Deutschland wählt man die Länderkennzahl 0049, für Österreich die 0043 und für die Schweiz 0041 vor und dann die Ortsvorwahl ohne die erste 0. Für Gespräche nach Frankreich wählt man die Länderkennzahl 0033 vor, dann die Rufnummer ohne die einleitende 0. Innerhalb Frankreichs muss die komplette zehnstellige Nummer gewählt werden.

Es gibt in Frankreich drei große Mobilfunkanbieter (Orange, SFR, Bouygues), die Roamingabkommen mit deutschen Anbietern haben. Beim Roaming spart, wer das günstigste Netz wählt. Mit einer Prepaidkarte des Gastlands entfallen die Gebühren für eingehende Anrufe. Hohe Kosten verursacht die Mailbox: noch im Heimatland abschalten!

TRINKGELD

Das Trinkgeld ist in Frankreich in der Rechnung enthalten. Man lässt jedoch beim Verlassen eines Restaurants oder einer Bar meist einige Münzen auf dem Tisch liegen. War der Service besonders gut, kann man zusätzlich zwischen 5 und 10 Prozent Trinkgeld geben. Selbst in sehr guten Restaurants und bei Kreditkartenzahlung lässt man das Trinkgeld auf dem Tisch liegen. Im Hotel erwarten der Portier und das Zimmermädchen insbesondere bei längeren Aufenthalten Trinkgeld.

UNTERKUNFT

In Frankreich gibt es rund 20 000 Hotels, die in vier Kategorien eingeteilt sind. Die Preise beziehen sich in der Regel auf das Zimmer, nicht die Anzahl der Gäste. Die Erwartungen beim Frühstück sollte man runterschrauben: Ein Hotelfrühstück besteht meist nur aus einem Croissant, Orangensaft und Heißgetränk. Das französische Äquivalent der englischen Bed & Breakfasts sind die *Chambres d'Hôtes*, die teilweise recht luxuriös ausgestattet sind und dementsprechend teuer sein können. Da es sich bei diesen Gästehäusern um Privatunterkünfte handelt, gibt es keine Sterneklassifizierung. Günstige Hotels finden Sie unter der Kennzeichnung *Logis de France (www. logis-de-france.fr)* und günstige einfache Privatunterkünfte unter dem Label *Gites de France (www.gites-de-france.fr)*. Während der französischen Ferienmonate Juli und August empfiehlt sich eine Reservierung. Insbesondere Mitte August sind gerade im Süden der Republik kaum noch Zimmer frei.

ZOLL

Innerhalb der Europäischen Union gibt es für Privatpersonen keine Zollgrenzen mehr. Waren für den persönlichen Gebrauch genießen hohe Freigrenzen (zum Beispiel 800 Zigaretten, 10 l Spirituosen und 90 l Wein können zollfrei ein- und ausgeführt werden). Beschränkungen bestehen hinsichtlich Pflanzen und Tieren sowie deren Verarbeitungsprodukten. Für Schweizer Staatsbürger gelten niedrigere Freigrenzen: 200 Zigaretten und 4 l Wein.

> TU PARLES FRANÇAIS?

„Sprichst du Französisch?" Dieser Sprachführer hilft Ihnen, die wichtigsten Wörter und Sätze auf Französisch zu sagen

Aussprache

Zur Erleichterung der Aussprache sind alle französischen Wörter mit einer einfachen Aussprache (in eckigen Klammern) versehen.

■ AUF EINEN BLICK

Ja./Nein.	Oui. [ui]/Non. [nong]
Vielleicht.	Peut-être [pöhtätr]
Bitte.	S'il vous plaît. [sil wu plä]
Danke.	Merci. [märsi]
Gern geschehen.	De rien. [dö rjäng]
Entschuldigen Sie!	Excusez-moi! [äksküseh mua]
Wie bitte?	Comment? [kommang]
Ich verstehe Sie/dich nicht.	Je ne comprends pas.
	[schön kongprang pa]
Ich spreche nur wenig	Je parle un tout petit peu français.
Französisch.	[schparl äng tu pti pöh frangsä]
Können Sie mir bitte helfen?	Vous pouvez m'aider, s.v.p.?
	[wu puweh mehdeh sil wu plä]
Sprechen Sie Deutsch/	Vous parlez allemand/anglais?
Englisch?	[wu parleh almang/anglä]
Ich möchte …	J'aimerais … [schämrä]
Das gefällt mir nicht.	Ça ne me plaît pas. [san mö plä pa]
Haben Sie …?	Vous avez …? [wus_aweh]
Wie viel kostet es?	Combien ça coûte? [kongbjäng sa kut]
Wie viel Uhr ist es?	Quelle heure est-il? [käl_ör ät_il]

■ KENNENLERNEN

Guten Morgen/Tag!	Bonjour! [bongschur]
Guten Abend!	Bonsoir! [bongsuar]
Hallo!/Grüß dich!	Salut! [salü]
Wie ist Ihr Name, bitte?	Comment vous appelez-vous?
	[kommang wus_apleh wu]
Wie heißt du?	Comment tu t'appelles?
	[kommang tü tapäl]
Wie geht es Ihnen/dir?	Comment allez-vous/vas-tu?
	[kommangt_aleh wu/wa tü]
Danke. Und Ihnen/dir?	Bien, merci. Et vous-même/toi?
	[bjäng märsi. eh wu mäm/tua]

> *www.marcopolo.de/frankreich*

SPRACHFÜHRER FRANZÖSISCH

Auf Wiedersehen!   Au revoir! [oh röwuar]
Tschüss!   Salut! [salü]

■ UNTERWEGS ■

links/rechts   à gauche [a gohsch]/à droite [a druat]
geradeaus   tout droit [tu drua]
nah/weit   près [prä]/loin [luäng]
Bitte, wo ist …?   Pardon, où se trouve …, s.v.p.?
   [pardong, us truw … sil wu plä]

Wie weit ist das?   C'est à combien de kilomètres d'ici?
   [sät_a kongbjängd kilomätrö disi]

Welches ist der kürzeste   Quel est le chemin le plus court pour
Weg nach/zu …?   aller à …? [käl_äl schömäng lö plü kur
   pur aleh a]

Ich habe eine Panne.   Je suis en panne. [schö süis_ang pan]
Würden Sie mir bitte einen   Est-ce que vous pouvez
Abschleppwagen schicken?   m'envoyer une dépanneuse, s.v.p.?
   [äs_kö wu puweh mangwuajeh ün deh
   panöhs sil wu plä]

Gibt es hier in der Nähe   Est-ce qu'il y a un garage près d'ici?
eine Werkstatt?   [äs_kil_ja äng garasch prä disi]
     … ist defekt.   … est défectueux. [ä dehfäktüöh]
Wo ist bitte die nächste   Pardon, Mme/Mlle/M., où est la
Tankstelle?   station-service la plus proche, s.v.p.?
   [pardong madam/madmuasäl/mösjöh u ä
   la stasjong särwis la plü prosch sil
   wu plä]

Ich möchte … Liter.   … litres, s'il vous plaît.
   [litrö sil wu plä]
     Super.   Du super. [dü süpär]
     Diesel.   Du gas-oil. [dü gasual]
     Voll tanken, bitte.   Le plein, s.v.p. [lö pläng sil wu plä]
Hilfe!   Au secours! [oh skur]
Achtung!   Attention! [atangsjong]
Vorsicht!   Attention! [atangsjong]
Rufen Sie bitte schnell …   Appelez vite … [apleh wit]
     … einen Krankenwagen.   … une ambulance.
   [ün_angbülangs]
     … die Polizei.   … la police. [la polis]
     … die Feuerwehr.   … les pompiers. [leh pongpjeh]

Es war meine Schuld.	C'est moi qui suis en tort.
	[sä mua ki süis_ang torr]
Es war Ihre Schuld.	C'est vous qui êtes en tort.
	[sä wu ki äts_ang torr]
Geben Sie mir bitte Ihren	Vous pouvez me donner votre nom
Namen und Ihre Anschrift!	et votre adresse?
	[wu puweh mö donneh wottrö nong eh
	wottr_adräs]

■ ESSEN/UNTERHALTUNG ■

Wo gibt es hier …	Vous pourriez m'indiquer…
	[wu purjeh mängdikeh]
… ein gutes Restaurant?	… un bon restaurant?
	[äng bong rästorang]
… ein nicht zu teures Restaurant?	… un restaurant pas trop cher?
	[äng rästorang pa troh schär]
Reservieren Sie uns bitte	Je voudrais réserver une table pour ce
für heute Abend einen	soir, pour quatre personnes.
Tisch für vier Personen.	[schwudrä räsehrweh ün tablö pur sö
	suar pur kat pärsonn]
Wo sind bitte die Toiletten?	Où sont les W.-C., s.v.p.?
	[u song leh wehsch sil wu plä]
Auf Ihr Wohl!	A votre santé!/A la vôtre!
	[a wottr sangteh/a la wohtr]
Bezahlen, bitte.	L'addition, s.v.p. [ladisjong sil wu plä]
Hat es geschmeckt?	C'était bon? [sehtä bong]
Das Essen war ausgezeichnet.	Le repas était excellent.
	[lö röpa ehtät_äksälang]

■ ÜBERNACHTUNG ■

Können Sie mir bitte ein	Pardon, Mme/Mlle/M., vous
gutes Hotel empfehlen?	pourriez recommander un bon hôtel?
	[pardong madam/madmuasäl/mösjöh wu
	purjeh rökommangdehäng bonn_ohtäl]
Haben Sie noch …?	Est-ce que vous avez encore …?
	[äs_kö wus_aweh angkorr]
… ein Einzelzimmer	… une chambre pour une
	personne [ün schangbr pur ün
	pärsonn]
… ein Zweibettzimmer	… une chambre pour deux
	personnes [ün schangbr pur döh
	pärsonn]
… mit Bad	… avec salle de bains
	[awäk sal dö bäng]

> www.marcopolo.de/frankreich

SPRACHFÜHRER

… für eine Nacht?
… für eine Woche?

Was kostet das Zimmer
mit Frühstück?

… pour une nuit [pür ün nüi]
… pour une semaine?
[pür ün sömän]
Quel est le prix de la chambre,
petit déjeuner compris?
[käl_ä lö prid la schangbr
pti dehschöneh kongpri]

PRAKTISCHE INFORMATIONEN

Können Sie mir einen
guten Arzt empfehlen?

Ich habe Fieber.
Ich habe hier Schmerzen.
Was kostet …

… eine Postkarte …

… nach Deutschland?

Vous pourriez recommander un
bon médecin, s.v.p.?
[wu purjeh rökommangdeh äng bong
mehdsäng sil wu plä]
J'ai de la fièvre. [schä dla fjäwr]
J'ai mal ici. [scheh mal isi]
Quel est le tarif pour affranchir …
[käl_ä lö tarif pur afrangschir]
… des cartes postales …
[deh kart postal]
… pour l'Allemagne?
[pur lalmanj]

ZAHLEN

0	zéro [sehroh]	20	vingt [wäng]
1	un, une [äng, ühn]	21	vingt et un, une
2	deux [döh]		[wängt_eh äng, ühn]
3	trois [trua]	22	vingt-deux [wängt döh]
4	quatre [katr]	30	trente [trangt]
5	cinq [sängk]	40	quarante [karangt]
6	six [sis]	50	cinquante [sängkangt]
7	sept [sät]	60	soixante [suasangt]
8	huit [üit]	70	soixante-dix [suasangt dis]
9	neuf [nöf]	80	quatre-vingt [katrö wäng]
10	dix [dis]	90	quatre-vingt-dix [katrö wäng dis]
11	onze [ongs]	99	quatre-vingt-dix-neuf
12	douze [dus]		[katrö wäng dis nöf]
13	treize [träs]	100	cent [sang]
14	quatorze [kators]	200	deux cents [döh sang]
15	quinze [kängs]	1000	mille [mil]
16	seize [säs]	2000	deux mille [döh mil]
17	dix-sept [disät]	10000	dix mille [di mil]
18	dix-huit [disüit]		
19	dix-neuf [disnöf]	1/2	un demi [äng dmi]
20	vingt [wäng]	1/4	un quart [äng kar]

Pointe de Penhir, Bretagne

> UNTERWEGS IN FRANKREICH
Die Seiteneinteilung für den Reiseatlas finden Sie auf dem hinteren Umschlag dieses Reiseführers

REISE ATLAS

167

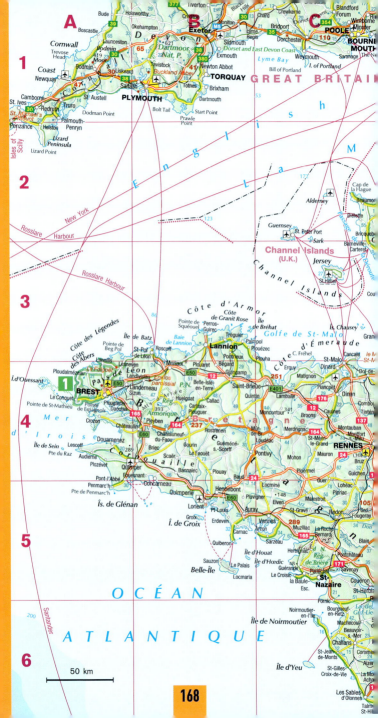

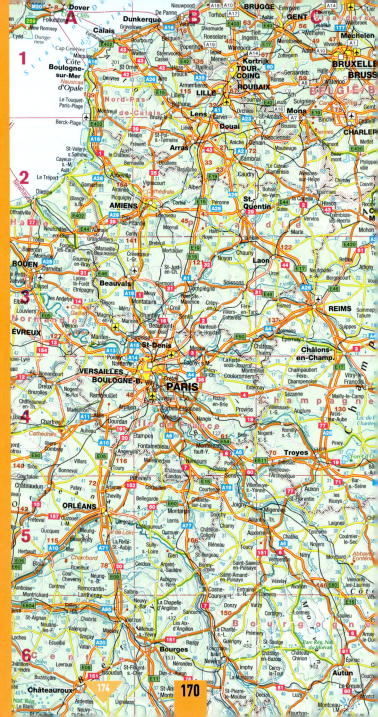

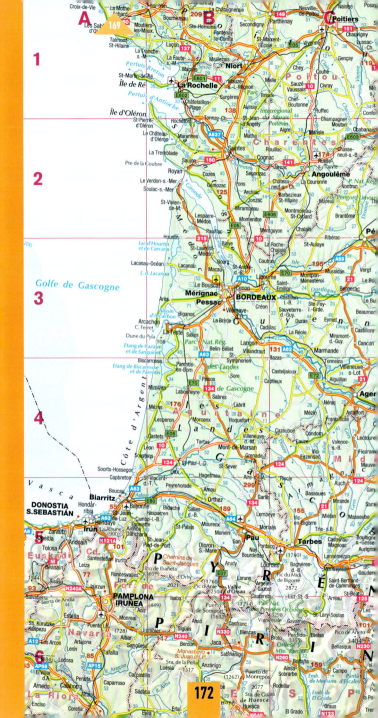

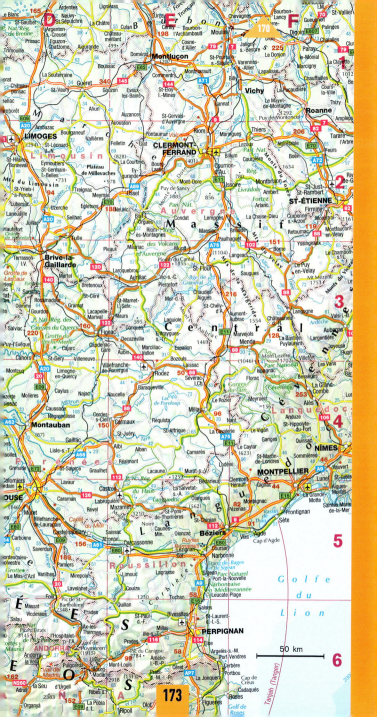

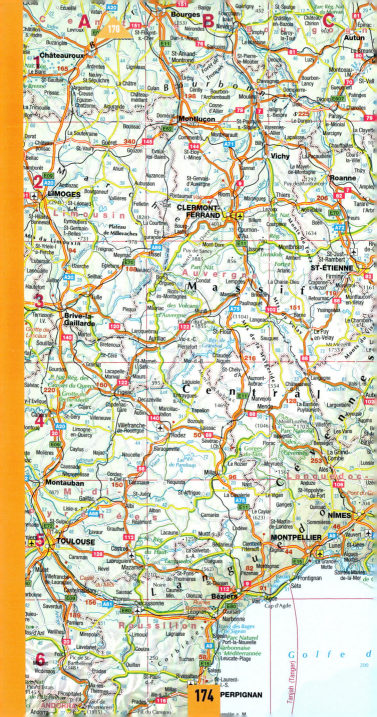

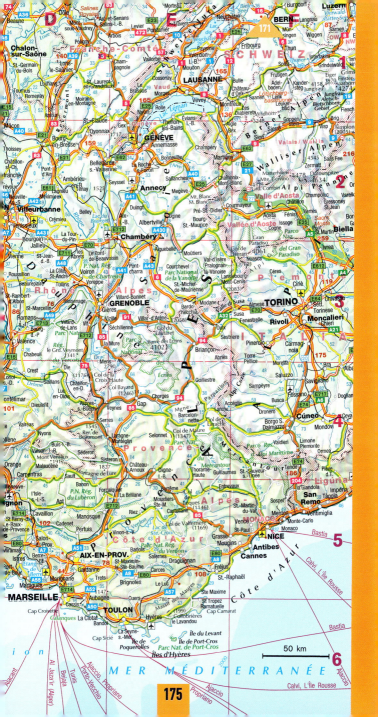

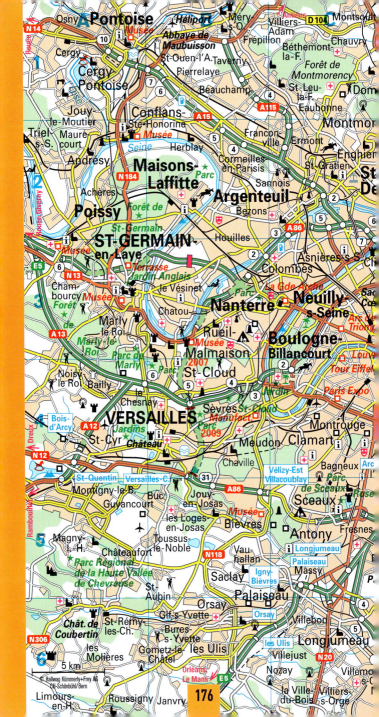

KARTENLEGENDE

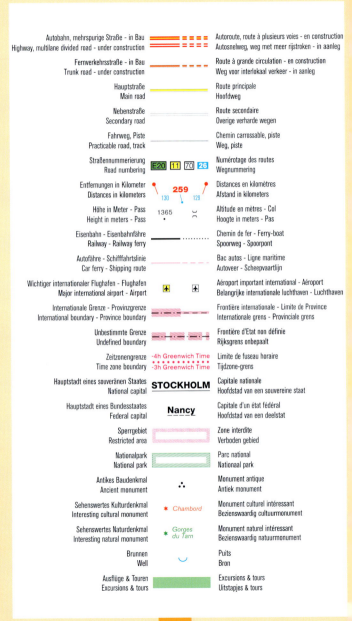

FÜR IHRE NÄCHSTE REISE

gibt es folgende MARCO POLO Titel:

DEUTSCHLAND
Allgäu
Amrum/Föhr
Bayerischer Wald
Berlin
Bodensee
Chiemgau/Berchtes-
gadener Land
Dresden/Sächsische
Schweiz
Düsseldorf
Eifel
Erzgebirge/Vogtland
Franken
Frankfurt
Hamburg
Harz
Heidelberg
Köln
Lausitz/Spreewald/
Zittauer Gebirge
Leipzig
Lüneburger Heide/
Wendland
Mark Brandenburg
Mecklenburgische
Seenplatte
Mosel
München
Nordseeküste
Schleswig-Holstein
Oberbayern
Ostfriesische Inseln
Ostfriesland/
Nordseeküste
Niedersachsen/
Helgoland
Ostseeküste
Mecklenburg-
Vorpommern
Ostseeküste
Schleswig-Holstein
Pfalz
Potsdam
Rheingau/Wiesbaden
Rügen/Hiddensee/
Stralsund
Ruhrgebiet
Sauerland
Schwäbische Alb
Schwarzwald
Stuttgart
Sylt
Thüringen
Usedom
Weimar

ÖSTERREICH | SCHWEIZ
Berner Oberland/Bern
Kärnten
Österreich
Salzburger Land
Schweiz
Steiermark
Tessin

Tirol
Wien
Zürich

FRANKREICH
Bretagne
Burgund
Côte d'Azur/Monaco
Elsass
Frankreich
Französische
Atlantikküste
Korsika
Languedoc-Roussillon
Loire-Tal
Nizza/Antibes/Cannes/
Monaco
Normandie
Paris
Provence

ITALIEN | MALTA
Apulien
Capri
Dolomiten
Elba/Toskanischer
Archipel
Emilia-Romagna
Florenz
Gardasee
Golf von Neapel
Ischia
Italien
Italienische Adria
Italien Nord
Italien Süd
Kalabrien
Ligurien/Cinque Terre
Mailand/Lombardei
Malta/Gozo
Oberital. Seen
Piemont/Turin
Rom
Sardinien
Sizilien/Liparische Inseln
Südtirol
Toskana
Umbrien
Venedig
Venetien/Friaul

SPANIEN | PORTUGAL
Algarve
Andalusien
Barcelona
Baskenland/Bilbao
Costa Blanca
Costa Brava
Costa del Sol/Granada
Fuerteventura
Gran Canaria
Ibiza/Formentera
Jakobsweg/Spanien
La Gomera/El Hierro
Lanzarote

La Palma
Lissabon
Madeira
Madrid
Mallorca
Menorca
Portugal
Sevilla
Spanien
Teneriffa

NORDEUROPA
Bornholm
Dänemark
Finnland
Island
Kopenhagen
Norwegen
Oslo
Schweden
Stockholm
Südschweden

WESTEUROPA | BENELUX
Amsterdam
Brüssel
Dublin
Edinburgh
England
Flandern
Irland
Kanalinseln
London
Luxemburg
Niederlande
Niederländische Küste
Schottland
Südengland

OSTEUROPA
Baltikum
Budapest
Danzig
Estland
Kaliningrader Gebiet
Krakau
Lettland
Litauen/Kurische
Nehrung
Masurische Seen
Moskau
Plattensee
Polen
Polnische Ostsee-
küste/Danzig
Prag
Riesengebirge
Russland
Slowakei
St. Petersburg
Tallinn
Tschechien
Ukraine
Ungarn
Warschau

SÜDOSTEUROPA
Bulgarien
Bulgarische
Schwarzmeerküste
Kroatische Küste/
Dalmatien
Kroatische Küste/
Istrien/Kvarner
Montenegro
Rumänien
Slowenien

GRIECHENLAND | TÜRKEI | ZYPERN
Athen
Chalkidiki
Griechenland
Festland
Griechische
Inseln/Agäis
Istanbul
Korfu
Kos
Kreta
Peloponnes
Rhodos
Samos
Santorin
Türkei
Türkische Südküste
Türkische Westküste
Zakinthos
Zypern

NORDAMERIKA
Alaska
Chicago und
die Großen Seen
Florida
Hawaii
Kalifornien
Kanada
Kanada Ost
Kanada West
Las Vegas
Los Angeles
New York
San Francisco
USA
USA Neuengland/
Long Island
USA Ost
USA Südstaaten/
New Orleans
USA Südwest
USA West
Washington D.C.

MITTEL- UND SÜDAMERIKA
Argentinien
Brasilien
Chile
Costa Rica
Dominikanische
Republik

Jamaika
Karibik/Große Antillen
Karibik/Kleine Antillen
Kuba
Mexiko
Peru/Bolivien
Venezuela
Yucatán

AFRIKA | VORDERER ORIENT
Agypten
Djerba/Südtunesien
Dubai
Israel
Jerusalem
Jordanien
Kapstadt/Wine Lands/
Garden Route
Kapverdische Inseln
Kenia
Marokko
Namibia
Qatar/Bahrain/Kuwait
Rotes Meer/Sinai
Südafrika
Tansania, Sansibar
Tunesien
Vereinigte
Arabische Emirate

ASIEN
Bali/Lombok
Bangkok
China
Hongkong/Macau
Indien
Indien/Der Süden
Japan
Kambodscha
Ko Samui/Ko Phangan
Krabi/Ko Phi Phi/
Ko Lanta
Malaysia
Nepal
Peking
Philippinen
Phuket
Rajasthan
Shanghai
Singapur
Sri Lanka
Thailand
Tokio
Vietnam

INDISCHER OZEAN | PAZIFIK
Australien
Malediven
Mauritius
Neuseeland
Seychellen
Südsee

REGISTER

Hier finden Sie alle in diesem Reiseführer erwähnten Orte und Ausflugsziele. Halbfette Seitenzahlen verweisen auf den Haupteintrag.

Aber Benoît 143
Aber Ildut 144
Aber Wrac'h 143
Aiguilles du Midi 121
Aiguilles-Rouges 121
Ainhoa 98
Aix-en-Provence **135**, 29, 120
Albi **116**, 100
Amiens **69**, 74
Angers 80
Anglet **99**, 151
Angoulême **81**, 28
Annecy 120
Antibes 127
Apt 29
Aqualand (Arcachon) 155
Arbois 58
Arc-et-Senans 59
Arcachon **96**, 151, 155
Ardèche 122
Arles **122**, 22, 120
Arras 74
Aubagne 28
Auch 117
Autun 44
Auxerre 45
Avignon **123**, 23, 120
Azay-le-Rideau 55
Baccarat **33**, 27
Bandol 135
Barbizon 39
Bastide-Clairence, La 99
Baule, La 88
Baume-Les-Messieurs 59
Baux-de-Provence, Les 123
Bayeux 74
Bayonne **97**, 23
Beaulieu-sur-Dordogne 107
Beaune 46
Belle-Île-en-Mer 93
Bergerac 100
Bérgerie Nationale de Rambouillet 154
Besançon 57
Biarritz **110**, 15, 23, 151
Bidart 151
Bigorre, La 111
Blois 52
Bordeaux **104**, 9, 14, 15, 95, 100, 150
Boulogne-sur-Mer 77
Bourges **47**, 51
Bréhat, Île de 91
Brest **82**, 12, 142
Cabourg 84
Caen 83
Cahors 106
Calanques 136
Camargue **123**
Cambo-les-Bains 99
Cannes **126**
Cap Blanc-Nez 77
Cap Fréhel 92
Cap Gris-Nez 77

Capbreton **100**, 151
Carcassonne 120, 128
Carnac 93
Cascades du Hérisson 59
Cevennen **130**, 120
Chalon-sur-Saône 13
Châlons-en-Champagne 65
Chambord 53
Chamonix-Mont-Blanc **121**, 119, 151
Chantilly 70
Chartres 48
Château de Hautefort 112
Château de la Treyne 107
Château des Beaux de Provence 124
Château du Clos Lucé 153
Château du Hohlandsbourg 145
Chemin Stevenson 130
Chenonceau 55
Cheverny 48
Cingle de Trémolat 101
Cité de l'Espace 155
Clermont-Ferrand 48
Cluny 50
Cognac 22
Colmar **60**, 145
Compiègne 71
Conques 106
Conquet, Le 144
Cordes-sur-Ciel 117
Cormatin 50
Corn-ar-Gazel 144
Corniche de la Riviera 140
Corniche des Crêtes 136
Côte d'Émeraude 92
Courchevel **131**, 151
Dax 99
Deauville **85**, 23
Défense, La 39
Dieppe 77
Dijon 50
Dinan 91
Dinard 92
Disneyland Paris 152
Domme 107
Donjon de Pflixbourg 145
Donjons d'Eguisheim 145
Dordognetal 107
Dune du Pilat 96
Dunkerque 22
Eguisheim 145
Espelette 100
Étretat 71
Evian-les-Bains 121
Eyrignac 107
Eyzies-De-Tayac, Les 108
Fécamp 72
Florac 130
Folgoët, Le 142
Fontainebleau 40
Fort des Rousses 148
Fréjus **128**, 124, 155
Futuroscope 88

Giverny 77
Gold-Beach 85
Gorges de l'Ardèche 122
Gorges du Tarn 130
Gorges du Verdon 140
Gouesnou 142
Grande Motte, La 137
Grasse **128**, 119
Grenoble **130**, 119
Haut-Kœnigsbourg 67
Hendaye **102**, 151
Honfleur 85
Hossegor **100**, 151
Huelgoat 78
Hyères 151
Illiz-Koz 143
Juno-Beach 85
Korsika 19
La Piscine in Roubaix 74
Lacanau-Océan 151
Lanildut 144
Lascaux 113
Le Havre 72
Le Mans 23
Le Touquet-Paris-Plage 77
Le-Puy-en-Velay 53
Les Arcs 14
Les Sybelles 14
Lille **73**, 9
Limoges 51
Lourdes **110**, 94
Luberon **125**, 150
Lyon **131**, **146**, 9, 23, 124, 150
Maison du Comté, La 154
Marne-la-Vallée 153
Marseille **133**, 9, 120
Massif des Vosges 62
Megève 119
Menhir de Kerloas 144
Mer de Glace 121
Metz **62**, 15, 62
Mimizan 151
Moissac 117
Monaco 140
Mont Aigoual 130
Mont Blanc **121**, 119
Mont-Saint-Michel 78, 86
Montpellier 23, 136
Mulhouse 62
Nancy 62, 63
Nantes **86**, 15, 84
Narbonne 129
Nevers 51
Nîmes **137**, 22, 29, 120, 124
Nizza (Nice) **138**, 9, 22, 120
Nohant-le-Vic 47
Obernai 145
Oléron, Île d' 90
Oloron-Ste-Marie 28
Omaha-Beach 85
Orange 125
Orléans **52**, 22
Ornans 60
Pampelonne 141

Parc Samara 154
Parc zoologique de Fréjus 155
Paris **30**, 8, 9, 12, 13, 14, 15, 17, 19, 22, 23, 28, 40, 148, 150, 151
Pau 111
Pech-Merle 109
Périgueux 112
Perpignan 140
Phare de l'Île Vierge 143
Pic du Midi de Bigorre 111
Plabennec 142
Plage des Blancs Sablons 144
Plages du Débarquement 85
Planète Sauvage 155
Plateau de Valensole 132
Ploudalmézeau 144
Plougonvelin 145
Plouguerneau 143
Pointe de Kermorvan 144
Pointe de Saint-Mathieu 144
Pointe du Raz 82
Poitiers 88
Poligny 154
Portsall 144
Poubazlanec 91
Presqu'île de Crozon 82
Puy de Dôme 49
Puy de Fou, Le 155
Quimper **83**, 28
Ramatuelle 141
Ré, Île de 91
Reims 64
Rennes **89**, 84
Rhune, La 103
Ribeauvillé 145
Riquewihr 145
Rocamadour 109
Rochelle, La 89
Ronchamp 60
Rouen **75**, 14
Rouffach 145
Route Napoléon 119
Saint-Bertrand-de-Comminges 112
Saint-Denis 40
Saint-Emilion 106
Saint-Fargeau 45
Saint-Jean-de-Luz **103**, 151
Saint-Juan-les-Pins 127
Saint-Louis-lès-Bitche 28
Saint-Malo **91**
Saint-Martin-d'Ardèche 122
Saint-Martin-de-Ré 91
Saint-Pabu 144
Saint-Paul 140
Saint-Raphaël 128
Saint-Saveur-en-Puisaye 45
Saint-Savin 89
Saint-Trójan-les-Bains 91
Saint-Tropez **141**, 120

> **www.marcopolo.de/frankreich**

IMPRESSUM

Saintes-Maries-de-la-Mer **138**, 22
Sanary-sur-Mer 135
Sarlat-la-Canéda 109
Sarreguemines 62
Saumur 81
Serrant 81
Serre Chevalier 14
Strasbourg (Straßburg) **65**, 9, 56
Sword-Beach 85
Tignes 151
Toulon 141
Toulouse **113**, 9, 15, 28, 95, 100, 155
Touquet-Paris-Plage, Le 151
Tours 53
Tréglonou 143
Trémazan 144
Troyes 65
Ussé 55
Utah Beach 22
Val d'Isère 119
Val-Thorens 151
Vald'Isère 151
Valençay 55
Vallée d'Ossau 112
Vallon-Pont-d'Arc 122
Vannes 92
Vaux-le-Vicomte 41
Verdun 63
Vergt 101
Versailles 41
Vézelay 46
Vichy **49**, 51
Vierge, île 143
Villandry 55
Wangen 145

SCHREIBEN SIE UNS

Liebe Leserin, lieber Leser,

wir setzen alles daran, Ihnen möglichst aktuelle Informationen mit auf die Reise zu geben. Dennoch schleichen sich manchmal Fehler ein – trotz gründlicher Recherche unserer Autoren/innen. Sie haben sicherlich Verständnis, dass der Verlag dafür keine Haftung übernehmen kann.

Wir freuen uns aber, wenn Sie uns schreiben.

Senden Sie Ihre Post an die MARCO POLO Redaktion, MAIRDUMONT, Postfach 31 51, 73751 Ostfildern, info@marcopolo.de

IMPRESSUM

Titelbild: Junge Frau vor Konditorei (Getty Images/Stone; Vine/Photodisc Rot: m & m inc)
Fotos: AVH SAS: Dan Lecca (15 u.); Com-hiC Sarl: A. Merad (146 u. r.); W. Dieterich (3 M., 3 r., 11, 24/25, 28/29, 44, 51, 67, 113, 134, 140, 148/149, 166/167); Djoon: Philipe Santamaria (14 u.); Festival Photo Peuples & Nature/La Gacilly GloriaFiorio (13 o.); Vanessa Filho (12 u.); © fotolia.com: J. H. Werner (140); F. Frei (74/75); R. Freyer (Klappe M. 26, 27, 32, 56/57. 60, 61, 64/65, 94/95, 136/137); Lea Geitlinger (12 o.); R. Gerth (8); Getty Images/Stone; Vine/Photodisc Rot: m & m inc: (1); Groupe Partouche: Marcel Partouche (147 M. r.); R. M. Gill (154); HB Verlag: Heeb (78/79), Pasdzior (84/85); Huber: Fantuz (5, 18/19, 125, 142/143, 144), Friedel (139), Gräfenhain (22, 131), Huber (4 r., 40/41, 120), Lawrence (118/119), Picture Finders (6/7), Sand (72), Giovanni Simeone (38/39, 108, 122/123, 128/129, 133); © iStockphoto.com: Funwithfood (146 M. l.), gremlin (147 o. l.), Jancuver (147 M. l.), Lynn Seeden (146 M. r.), pinobarile (146 o. l.), Sverdelov (147 u. r. l.); H. Krinitz (22/23); Laif: Le Figaro Magazine/Voge (103), Hemispheres (28, 49, 76, 80, 98, 152/153), Meyer (82/83); B. Markert (182); Mauritius: age (58), Fuste Raga (92/93), Photonostop (70); H. P. Merten (4 l., 68/69); C. Naundorf (9, 16/17, 23, 29, 34, 35, 37); La Parare: Yves Breguier (13 u.); Schapowalow: Pratt-Pries (3 l.); Les Sources de Caudalie (15 o.); T. Stankiewicz (46/47, 54, 88, 101, 104, 106/107, 127, 130, 141, 150/151); M. Thomas (Klappe l., 2 r., 116/117); La Tupina (14 M.); E. Wrba (Klappe r., 2 l., 21, 30/31, 42/43, 50, 52, 63, 87, 90, 96, 110, 114)

2. (11.), aktualisierte Auflage 2010
© MAIRDUMONT GmbH & Co. KG, Ostfildern
Chefredaktion: Michaela Lienemann (Konzept, Chefin vom Dienst), Marion Zorn (Konzept, Textchefin)
Autorin: Barbara Markert; Redaktion: Manfred Pötzscher
Programmbetreuung: Silwen Randebrock; Bildredaktion: Gabriele Forst
Szene/24h: wunder media, München
Kartografie Reiseatlas: © MAIRDUMONT, D-73751 Ostfildern
Innengestaltung: Zum goldenen Hirschen, Hamburg; Titel/S. 1–3: Factor Product, München
Sprachtführer: in Zusammenarbeit mit Ernst Klett Sprachen GmbH, Stuttgart, Redaktion PONS Wörterbücher
Das Werk einschließlich aller seiner Teile ist urheberrechtlich geschützt. Jede urheberrechtsrelevante Verwertung ist ohne Zustimmung des Verlages unzulässig und strafbar. Das gilt insbesondere für Vervielfältigungen, Übersetzungen, Nachahmungen, Mikroverfilmungen und die Einspeicherung und Verarbeitung in elektronischen Systemen.
Printed in Germany. Gedruckt auf 100% chlorfrei gebleichtem Papier

> UNSERE AUTORIN
MARCO POLO Insiderin Barbara Markert im Interview

Barbara Markert ist freie Journalistin und Gründungsmitglied im Auslands-korrespondenten-Netzwerk *Weltreporter.net*.

Warum leben Sie in Frankreich?

Bereits als Jugendliche habe ich mich in Paris verliebt. Mit Mitte Dreißig bin ich dann für ein Sabbatjahr hierher gezogen – und bis heute geblieben.

Was reizt Sie an Frankreich?

Frankreich ist für mich eines der schönsten Länder in Europa. Der landschaftliche Reichtum reicht vom Meer bis zum Gebirge, der kulturelle von der mittelalterlichen Kathedrale bis zum ultramodernen Museumsneubau. Dazu kommt das sprichwörtliche Savoir-vivre der Franzosen: Hier geht es vor allem darum, das Leben zu genießen. Für ein Abendessen zum Beispiel lassen die Franzosen alles stehen und liegen, auch wenn es noch so dringend ist. Daran muss man sich als pflichtbewusste Deutsche erst einmal gewöhnen.

Was mögen Sie an Frankreich nicht so?

Die Umweltverschmutzung, den Verkehr und die manchmal wirklich völlig unnötige Borniertheit der Hauptstädter. In der Provinz, wie die Pariser den Rest Frankreichs gern nennen, sind die Leute dagegen *adorable*, d. h. reizend.

Wo und wie leben Sie genau?

Ich lebe in einem Altbau aus dem 18. Jh. mit schiefen Wänden und knarzenden Parkett mitten im Zentrum von Paris – in der Nähe der Börse.

Sprechen Sie französisch?

Ich habe Französisch als dritte Fremdsprache in der Schule gelernt und hatte damals eine französische Brieffreundin. Nach dem Studium habe ich eine Sprachenschule in Paris besucht. Doch davon war nicht mehr viel übrig, als ich hierher zog – es brauchte einige Zeit, die Kenntnisse aufzufrischen.

Was genau machen Sie beruflich?

Ich bin freie Journalistin und schreibe hauptsächlich über Mode, Lifestyle und Reise für Magazine. Meine Auftraggeber sind namhafte deutsche Zeitschriften, wie Vogue, Cosmopolitan und Brigitte. Für Reiseartikel und auch privat reise ich sehr gern durchs Land. Selbst im kleinsten Dorf gibt es etwas zu entdecken.

Mögen Sie die französische Küche?

Wer mag diese Küche nicht? Sie ist raffiniert und innovativ und immer auch ein Fest für die Augen. Jedes noch so banale Gericht wird kunstvoll auf dem Teller angerichtet. Mein Lieblingsessen ist: noch ofenwarmes Baguette mit halbgesalzener Butter, eine *tartine*, wie man hier sagt. So einfach – und doch so gut.